신주사기 6

항우본기

이 책은 롯데장학재단의 지원을 받아 번역, 출간되었습니다.

신주사기 6/ 항우본기

초판 1쇄 인쇄 2020년 3월 1일
초판 1쇄 발행 2020년 3월 16일

지은이 (본문) 사마천
　　　　 (삼가주석) 배인·사마정·장수절
번역 및 신주 한가람역사문화연구소 사기연구실

펴낸이 이덕일
펴낸곳 한가람역사문화연구소

등록번호 제2019-000147호
주소 서울특별시 마포구 마포대로라길 8 2층
전화 02) 711-1379
팩스 02) 704-1390
이메일 hgr4012@naver.com

ISBN 979-11-969482-6-9　93910

값은 뒤표지에 있습니다.

이 도서의 국립중앙도서관 출판시도서목록(CIP)은
서지정보유통지원시스템 홈페이지(http://seoji.nl.go.kr)와
국가자료공동목록시스템(http://www.nl.go.kr/kolisnet)에서 이용하실 수 있습니다.
(CIP제어번호: CIP2020005178)

세계 최초
**삼가주석
완역!**

신주
사기

⑥

항우본기

지은이
본문_ 사마천
삼가주석_ 배인·사마정·장수절
번역 및 신주
한가람역사문화연구소 사기연구실

한가람역사문화연구소

차례

항우본기 項羽本紀

사기 제7권 史記卷七

新註史記

사기 제7권 史記卷七

항우본기 項羽本紀

제1장

초나라 후예
항적의 등장

진승과 유방이 군사를 일으키다

항적項籍은 하상下相[1] 사람이며, 자字는 우羽이다.[2] 처음에 군사를 일으켰을 때 나이는 스물넷이었다. 그의 계부는 항량項梁이고,[3] 항량의 아버지는 곧 초나라 장군 항연項燕인데, 진秦나라 장군 왕전王翦에게 죽임을 당했다.[4] 항씨項氏는 대대로 초나라의 장군이 되어서 항項 땅에 봉해졌으므로[5] 항씨를 성으로 삼았다.

項籍者 下相[1]人也 字羽[2] 初起時 年二十四 其季父項梁[3] 梁父即楚將項燕 爲秦將王翦所戮者也[4] 項氏世世爲楚將 封於項[5] 故姓項氏

① 下相하상

집해 〈지리지〉에는 "임회臨淮에 하상현下相縣이 있다."고 했다.

【集解】 地理志臨淮有下相縣

색은 현명縣名이고 임회臨淮에 속해 있다. 상고해보니 응소는 "상相은 물 이름으로 패국沛國에서 발원한다. 패국에 상현相縣이 있고 그 물 하류에 또 현을 설치한 까닭에 이름을 하상이라고 했다."라고 했다.

【索隱】 縣名 屬臨淮 案 應劭云 相 水名 出沛國 沛國有相縣 其水下流 又 因置縣 故名下相也

정의 《괄지지》에는 "상相의 고성은 사주泗州 숙예현宿豫縣 서북쪽 70리에 있는 진현秦縣이다."라고 했다. 項은 '항[胡講反]'으로, 籍은 '적[秦昔反]'으로 발음한다.

【正義】 括地志云 相故城在泗州宿豫縣西北七十里 秦縣 項 胡講反 籍 秦 昔反

② 字羽자우

색은 상고해보니 아래의 서전序傳에 적籍의 자는 자우子羽라고 했다.

【索隱】 按 下序傳籍字子羽也

③ 項梁항량

색은 상고해보니 최호崔浩는 "백伯, 중仲, 숙叔, 계季는 형제의 순서이다. 그래서 숙叔은 숙부이고 계季는 계부이다."라고 말했다.

【索隱】 按 崔浩云 伯 仲 叔 季 兄弟之次 故叔云叔父 季云季父

④ 秦將王翦所戮者也진장왕전소륙자야

집해 〈시황본기始皇本紀〉는 "항연項燕은 자살했다."고 했다.
【集解】 始皇本紀云 項燕自殺

색은 여기에서는 왕전王翦에게 죽임을 당했다고 했는데 《초한춘추楚漢春秋》와 같다. 〈시황본기〉에는 항연이 자살했다고 일렀으나 같지 않은 것은 아마도 항연이 왕전의 핍박을 받아서 자살했기 때문이다. 그래서 같지 않을 뿐이다.
【索隱】 此云爲王翦所殺 與楚漢春秋同 而始皇本紀云項燕自殺 不同者 蓋燕爲王翦所圍逼而自殺 故不同耳

⑤ 封於項봉어항

색은 〈지리지〉에는 항성현項城縣이 있는데 여남汝南에 속한다고 했다.
【索隱】 地理志有項城縣 屬汝南

정의 《괄지지》에는 "지금의 진주陳州 항성현項城縣의 성은 곧 옛 항자국項子國이었다."라고 했다.
【正義】 括地志云 今陳州項城縣城卽古項子國

항적이 어렸을 때에 글을 배웠지만 이루지 못하고, 떠나서 다시 검술劍術을 배웠지만 또한 성취하지 못했다. 항량이 노하자 항적이 말했다.

"글이란 성명을 기록하면 족할 따름이요, 검이란 한 사람을 대적할 뿐으로 배우기에 만족할 만한 것이 못되니 만인萬人을 대적하는 법을 배우고자 합니다."

이때부터 항량이 항적에게 병법을 가르치자 항적은 크게 기뻐했지만 그 뜻만 대략 알고는 또 기꺼이 끝까지 배우려고 하지 않았다.

項籍少時 學書不成 去學劍 又不成 項梁怒之 籍曰 書足以記名姓而已 劍一人敵 不足學 學萬人敵 於是項梁乃教籍兵法 籍大喜 略知其意 又不肯竟學

항량은 일찍이 역양櫟陽 땅에서 체포된 적이 있었다.① 이때 기현
蘄縣의② 옥연獄掾(옥리) 조구曹咎에게 요청하여 역양의 옥연인 사
마흔司馬欣에게 편지를 보내 사건이 마무리될 수 있도록 했다.③
항량은 사람을 죽이고 항적과 함께 원수를 피해 오중吳中으로④
갔다. 오중의 어진 사대부들은 모두 항량의 수하 출신이었다. 매
양 오중에 큰 요역繇役과⑤ 상사喪事가 있을 때마다 항량이 항상
주관해서 판단했는데 몰래 병법을 사용해 빈객들과 자제들에게
부서를 정하여 배치하고 이로써 그들의 능력을 알아 두었다.

項梁嘗有櫟陽逮① 乃請蘄②獄掾曹咎書抵櫟陽獄掾司馬欣 以故事得
已③ 項梁殺人 與籍避仇於吳中④ 吳中賢士大夫皆出項梁下 每吳中有
大繇役⑤及喪 項梁常爲主辦 陰以兵法部勒賓客及子弟 以是知其能

① 櫟陽逮역양체

색은 상고해보니 체逮는 '미치다及'의 뜻이다. 죄에 연좌되어 역양
현에서 체포되었다. 옛 한漢나라에서는 체포된 자는 모두 옥에서 다스
렸다.

【索隱】 按 逮訓及 謂有罪相連及 爲櫟陽縣所逮錄也 故漢每制獄皆有逮捕也

정의 櫟은 '략藥'으로 발음한다. 逮는 '대代'로 발음한다.

【正義】 櫟音藥 逮音代

② 蘄기

집해 소림은 "蘄는 '기機'로 발음하는데, 현縣으로서 패국沛國에 속한다."라고 했다.

【集解】 蘇林曰 蘄音機 縣 屬沛國

③ 獄掾曹咎書~以故事得已옥연조구서~이고사득이

집해 응소는 "항량이 일찍이 어떤 일에 연좌된 것으로 알려져 역양 감옥에 갇혔는데 기현의 옥리인 조구에게 나아가서 편지를 얻어 사마흔에게 주었다. 저抵는 돌아가다歸, 이已는 중지하다止는 뜻이다."라고 했다. 위소는 "저抵는 이르다至는 뜻이다. 항량이 일찍이 역양현에서 체포되었는데, 항량이 기현의 옥리인 조구에게 청해서 편지가 역양의 옥리인 사마흔에게 이르게 해서 일이 비로소 멈추게 되었다."라고 했다.

【集解】 應劭曰 項梁曾坐事傳繫櫟陽獄 從蘄獄掾曹咎取書與司馬欣 抵 歸 已 止也 韋昭曰 抵 至也 謂梁嘗被櫟陽縣逮捕 梁乃請蘄獄掾曹咎書至櫟陽獄掾司馬欣 事故得止息也

색은 상고해보니 복건은 "저抵는 돌아가라는 뜻"이라고 했고, 위소는 "抵는 이른다는 뜻"이라고 했다. 유백장은 "抵는 서로 의지해서 의탁한다[相憑託]는 뜻이다."라고 했다. 그래서 응소는 "항량이 일찍이 일에 연좌되어 역양 감옥에 갇혔는데 기현의 옥리인 조구에게 편지를 얻어 사마흔에게 주었다고 했다. 저抵는 돌아간다. 이已는 휴식한다息는 뜻이다."라고 했다.

【索隱】 按 服虔云 抵 歸也 韋昭云 抵 至也 劉伯莊云 抵 相憑託也 故應劭
云 項梁曾坐事繫櫟陽獄 從蘄獄掾曹咎取書與司馬欣 抵 歸 已 息也

신주 조구曹咎가 진한 교체기에 기현蘄縣의 옥리로 있었는데, 이때 항
량과 교분을 맺으면서 장군이 되었고, 후에 항우의 부하가 되어 해춘후
海春侯에 봉해졌다. 한왕漢王 3년(서기전 204년), 항우가 팽월彭越을 공격
할 때, 그는 성고成皋를 지키다가 다음 해 한군漢軍에게 크게 패하고 피
살되었다.

④ 吳中오중

신주 현재의 강소성江蘇省 소주蘇州다. 현재 소주시에 오중구吳中區
가 있다.

⑤ 繇役요역

신주 고대 봉건시대 통치계급이 강제로 농민들에게 부담한 일정량
의 무상노동을 말한다. '繇요'는 '徭요'와 통한다.

시황제가 회계會稽를 순유하고 절강浙江을[1] 건널 때 항량과 항우가 함께 바라보았다. 항적이 말했다.

"저 사람의 자리를 빼앗아 내가 대신할 것입니다."

항량이 그의 입을 가로막으면서 말했다.

"망령된 말을 하지 말라. 삼족이 멸함을 당한다."

항량은 이로써 항적을 기특하게 여겼다. 항적의 신장은 8척이 넘었으며 힘은 커다란 솥을 들어올릴 정도였고[2] 재주와 기운이 남보다 뛰어나 비록 오중의 자제들이라도 모두 항적을 두려워하고 있었다.

秦始皇帝游會稽 渡浙江[1] 梁與籍俱觀 籍曰 彼可取而代也 梁掩其口 曰 毋妄言 族矣 梁以此奇籍 籍長八尺餘 力能扛鼎[2] 才氣過人 雖吳中子弟皆已憚籍矣

① 浙江절강

색은 위소는 "절강은 지금의 전당錢塘에 있다. 浙의 발음은 절옥折獄의 '절折'이다."라고 했다. 진작은 '서逝'라고 발음하는 것은 잘못이라고 했다. 대개 그 물의 흐름이 굽이굽이 도는 것으로 《장자莊子》에서 말한 '제하淛河'가 곧 그 강이다. 제淛와 절折은 소리가 서로 가깝다.

【索隱】 韋昭云 浙江在今錢塘 浙音折獄之折 晉灼音逝 非也 蓋其流曲折 莊子所謂淛河 卽其水也 淛折聲相近也

신주 제淛는 절강의 옛 이름이다.

② 扛鼎강정

집해 위소는 "강扛은 '거擧(들다)'이다."라고 했다.

【集解】 韋昭曰 扛 擧也

색은 《설문說文》에는 '횡관대거橫關對擧'라고 했다. 위소는 "강扛은 거擧이다."라고 했다. 扛은 '강江'으로 발음한다.

【索隱】 說文云 橫關對擧也 韋昭云 扛 擧也 音江

진秦나라 2세 황제 원년(서기전 209) 7월에 진섭 등이 대택大澤[①] 안에서 군사를 일으켰다. 그 해 9월에 회계군수인[②] 은통殷通이 항량에게 말했다.[③]

"강서江西가 모두 반란을 일으켰으니 이는 또한 하늘이 진나라를 멸망시키려는 때입니다. 내가 듣기에 '먼저 하면 곧 남을 제어할 수 있지만[④] 뒤에 하면 남에게 제압을 당한다'고 했습니다. 나는 군사를 일으키려고 하는데 그대와 환초桓楚를 장군으로 삼고자 합니다."[⑤]

秦二世元年七月 陳涉等起大澤[①]中 其九月 會稽守[②]通謂梁曰[③] 江西皆反 此亦天亡秦之時也 吾聞先即制人 後則爲人所制[④] 吾欲發兵使公及桓楚將[⑤]

① 大澤대택

서씨徐氏는 패군沛郡은 곧 기현蘄縣의 대택大澤 안에 있다고 했다.
【索隱】 徐氏以爲在沛郡 卽蘄縣大澤中

② 會稽守회계수

집해 서광은 "이때는 태수太守라고 말하지 않았다."고 했다.
【集解】 徐廣曰 爾時未言太守

정의 《한서漢書》에는 경제景帝 중원中元 2년(서기전 148) 7월에 군수郡守를 고쳐서 태수太守라고 했다.
【正義】 守音狩 漢書云景帝中二年七月 更郡守爲太守

③ 通謂梁曰통위양왈

집해 《초한춘추》에는 "회계의 가수假守(임시 태수)가 은통殷通이다."라고 했다.
【集解】 楚漢春秋曰 會稽假守殷通

정의 상고해보니 가假라고 하는 것은 겸섭兼攝(맡은 직무 외에 다른 직무를 겸해서 보는 것)을 말하는 것이다.

【正義】 按 言假者 兼攝之也

④ 先即制人後則爲人所制선즉제인후즉위인소제

색은 상고해보니 먼저 거병擧兵을 하면 남을 제어해서 얻을 수 있지만 뒤에 하면 남의 제압을 당하는 바가 된다고 이른 것이다. 그래서 순경자荀卿子(순자)는 〈왕제王制편〉에서 "남을 제재하는 것과 남에게 제압을 당하는 것은 그 거리가 서로 먼 것이다."라고 했다.

【索隱】 按 謂先擧兵能制得人 後則爲人所制 故荀卿子曰 制人之與爲人制也 其相去遠矣

신주 이 말을 축약하여 선즉제인先即制人이라 하고 '남보다 먼저 일을 도모하면 남을 쉽게 누를 수 있다'는 뜻으로써 아무도 하지 않는 일을 앞서서 하면 유리함을 이르는 말로 쓰인다.

⑤ 公及桓楚將공급환초장

정의 장안은 "항우가 송의宋義를 죽일 때 환초桓楚는 항우를 위해 회왕의 사신이 되었다."고 했다.

【正義】 張晏云 項羽殺宋義時 桓楚爲羽使懷王

이때에 환초桓楚는 도망쳐 택중澤中에 있었다. 항량이 말했다.

"환초가 도망쳐서 사람들이 그가 있는 곳을 알지 못하는데 항적만 알고 있습니다."

항량이 나가서 항적에게 검을 가지고 밖에서 기다리도록 타일렀다. 항량이 다시 들어와 군수와 앉아서 말했다.

"청컨대 항적을 불러서 환초를 부르라는 명을 받들게 하십시오."

군수가 말했다.

"좋습니다."

항량이 항적을 불러서 들어오게 했다. 잠시 후 항량이 항적에게 눈짓을 하며 말했다.

"실행할 만하다."

이에 항적이 드디어 검을 뽑아 군수의 머리를 베었다. 항량이 군수의 목을 가지고 그의 인수를 빼앗아 찼다. 군수의 문하가 크게 놀라 요란을 피우니 이때 항적이 쳐 죽인 자가 수 십백數十百 명이었다.[①] 한 부중府中이 모두 두려워하며 엎드려서[②] 감히 일어나는 자가 없었다. 항량이 이에 전부터 알던 호걸과 관리들을 불러 대사大事를 일으킨 까닭을 설명하고 마침내 오중에서 군사를 일으켰다. 사람들을 시켜 회계군 아래의 현縣들을 거두고 정예병 8,000명을 얻었다.

是時桓楚亡在澤中 梁曰 桓楚亡 人莫知其處 獨籍知之耳 梁乃出 誡
籍持劍居外待 梁復入 與守坐 曰 請召籍 使受命召桓楚 守曰 諾 梁
召籍入 須臾 梁眴籍曰 可行矣 於是籍遂拔劍斬守頭 項梁持守頭 佩
其印綬 門下大驚 擾亂 籍所擊殺數十百人^① 一府中皆慴伏^② 莫敢起
梁乃召故所知豪吏 諭以所爲起大事 遂舉吳中兵 使人收下縣 得精
兵八千人

① 籍所擊殺數十百人적소격살수십백인

【색은】 이것은 정해진 숫자가 아니다. 백 이하에서 혹은 80이나 90에
이르는 것이다. 그래서 수數가 십백十百이라고 일렀다.
【索隱】 此不定數也 自百已下或至八十九十 故云數十百

② 慴伏습복

【색은】 《설문說文》에는 "慴은 '섭讋(두려워하다)'의 뜻이며 실기失氣이
다."라고 했다. 慴은 '접[之涉反]'으로 발음한다.
【索隱】 說文云 讋 失氣也 音之涉反

항량의 부대는 오중의 호걸들을 교위校尉, 후候, 사마司馬로 삼았다.[1] 한 사람이 있었는데 등용되지 않자 직접 항량에게 등용하지 않는 이유를 물었다. 항량이 대답했다.

"지난날 아무개의 상사喪事 때 그대에게 어떤 일을 맡겼는데 제대로 주관하지 못했소. 그래서 그대를 임용하지 않았소."

모두가 이에 복종했다. 이에 항량이 회계군수가 되고, 항적[항우]이 비장裨將이 되어 소속 현들을 순회했다.[2]

梁部署吳中豪傑爲校尉 候 司馬[1] 有一人不得用 自言於梁 梁曰 前時某喪使公主某事 不能辦 以此不任用公 衆乃皆伏 於是梁爲會稽守 籍爲裨將 徇下縣[2]

① 梁部署吳中豪傑爲校尉候司馬량부서오중호걸위교위후사마

신주 군부서의 관직명이다. 장군 군영의 휘하에 부部를 나누어 부에 교위를 두었고, 부 휘하에 곡曲을 나누어 곡에 군후를 두었다. 사마는 군의 사법을 주관하는 관리이다. 당시 항량이 회계군수가 되어 막 군사를 일으킨 시점으로 봐서 항우의 직책인 비장裨將 아래의 조직을 정비하는 중이었음을 알 수 있다.

② 徇下縣순하현

이기는 "순徇은 '약略(돌다)'의 뜻이다."라고 했다. 여순은 "徇의
음은 무순撫徇의 '순徇'이다. 그의 백성을 어루만지며 순회하는 것이다."
라고 했다.

【集解】 李奇曰 徇 略也 如淳曰 徇音撫徇之徇 徇其人民

항량의 부상

광릉廣陵[①] 사람 소평召平이[②] 진왕陳王(진승)을 위해 광릉을 순회했지만 함락시키지 못했다.[③] 진왕이 패배해 달아났고 또 진秦나라 군사가 곧 이를 것이라는 소문을 듣고 이에 강을 건너 진왕陳王의 명령이라고 꾸며서[④] 항량을 초왕楚王 상주국上柱國으로[⑤] 봉했다. 소평이 말했다.

"강동은 이미 평정되었으니 급히 군사들을 이끌고 서쪽 진秦나라를 공격하시오."

廣陵[①]人召平[②]於是爲陳王徇廣陵 未能下[③] 聞陳王敗走 秦兵又且至 乃渡江矯陳王命[④] 拜梁爲楚王上柱國[⑤] 曰 江東已定 急引兵西擊秦

① 廣陵광릉

정의 양주揚州이다.
【正義】 揚州

② 召平소평

신주 진승의 휘하 장수로 진나라의 동릉후東陵侯를 지냈다. 진나라
가 무너지자 포의布衣로 장안으로 돌아가 오이 농사를 지었는데, 그 오
이가 맛이 좋아 사람들이 소평과召平瓜 또는 동릉과東陵瓜라고 했다고
한다.

③ 未能下미능하

정의 下는 '하[胡嫁反]'로 발음한다. 군사의 위엄으로 복종시키는 것
을 '하下'라고 한다.
【正義】 胡嫁反 以兵威服之曰下

④ 矯陳王命교진왕명

정의 矯는 '고[紀兆反]'로 발음한다. 소평召平이 광릉廣陵으로부터 경
구강京口江을 건너서 오吳에 이르러 진왕陳王의 명을 사칭해서 항량을
제수한 것이다.
【正義】 矯 紀兆反 召平從廣陵渡京口江至吳 詐陳王命拜梁

⑤ 上柱國상주국

집해 서광은 "2세二世 2년 정월이다."라고 했다. 배인이 상고해보니
응소가 이르기를 "상주국上柱國은 상경上卿의 관직이고 지금의 상국相
國과 같은 것이다."라고 했다.
【集解】 徐廣曰 二世之二年正月也 駰案 應劭曰 上柱國 上卿官 若今相國也

항량이 이에 8,000명을 이끌고 강수를 건너서 서쪽으로 갔다.
이때 진영陳嬰이① 이미 동양東陽을② 함락시켰다는 소식을 듣고
사신을 보내 연합해서 서쪽으로 진격하려고 했다. 진영은 옛날
동양의 영사令史(현령의 관리)로서③ 현 안에 거주했는데 평소 신
의가 있고 근후해서 장자長者로 일컬어졌다.
項梁乃以八千人渡江而西 聞陳嬰①已下東陽② 使使欲與連和俱西
陳嬰者 故東陽令史③ 居縣中 素信謹 稱爲長者

① 진영陳嬰

신주 진영(?~서기전 183년)은 전한의 창업공신으로 지금의 안휘성安徽
省 천장시天長市의 동양東陽 사람이다. 진승의 반란 때 그를 왕으로 추
대하려 하자 왕의 재목이 못된다고 여기고 탈군하여 항량의 부하가 되
었다. 항량과 항우項羽가 죽은 후 부하들과 한나라에 항복했다.

② 東陽동양

집해 진작은 "동양현은 본래 임해군臨海郡 소속이고 한 명제漢明帝
가 나누어서 하비下邳에 소속시켰다가 뒤에 다시 나누어 광릉에 소속시
켰다."고 했다.
【集解】 晉灼曰 東陽縣本屬臨淮郡 漢明帝分屬下邳 後復分屬廣陵

색은 하下는 음이 같은 글자이다. 상고해보니 군사의 위엄으로 복
종시키는 것이 '하下'인데, 저들이 스스로 돌아와 복종하는 것도 '하
下'이다. 다른 것도 모두 이에 따른다. 동양은 현 이름인데 광릉에 속해
있다.
【索隱】 下音如字 按 以兵威伏之曰下 胡嫁反 彼自歸伏曰下 如字讀 他皆
放此 東陽 縣名 屬廣陵也

정의 《괄지지》에는 "동양의 고성은 초주楚州 우이현盱眙縣 동쪽 70
리에 있는데 진秦나라 동양현성東陽縣城으로서 회수淮水 남쪽에 있다."
고 했다.
【正義】 括地志 東陽故城在楚州盱眙縣東七十里 秦東陽縣城也 在淮水南

③ 令史영사

집해 진작은 "《한의주漢儀注》에는 영리令吏를 영사令史라 하고 승리
丞吏를 승사丞史라 한다."고 했다.

【集解】 晉灼曰 漢儀注云令吏曰令史 丞吏曰丞史

《초한춘추楚漢春秋》에는 동양의 옥리獄吏 진영陳嬰이라고 말했다.

【正義】 楚漢春秋云 東陽獄史陳嬰

동양의 소년들이 그 현령을 죽이고 수천여 명을 서로 모아서 우
두머리를 두고자 했는데 적당한 사람을 쓸 수 없자 진영에게 청
했다. 진영이 할 수 없다고 사양했지만 마침내 억지로 진영을
우두머리로 삼으니 현 안에서 따르는 자가 2만 명이나 되었다.
소년들은 진영을 세워 문득 왕으로 삼고자 하면서 다른 군대와
달리 머리에 푸른 두건을 쓰고 특별히 일어섰다.[①] 진영의 어머
니가[②] 진영에게 일러 말했다.

"내가 너의 집안으로 시집을 왔는데 일찍이 너의 선조 중에서
귀하게 된 자가 있다고 듣지 못했다. 지금 갑자기 대명大名을 얻
는 것은 상서롭지 못하다. 남에게 속해 있는 것만 같지 못하다.
일이 이루어지면 오히려 후侯에 봉해질 수 있고, 일이 실패해서
쉽게 도망치더라도 세상에 이름이 지목되지는 않을 것이다."

東陽少年殺其令 相聚數千人 欲置長 無適用 乃請陳嬰 嬰謝不能 遂
彊立嬰爲長 縣中從者得二萬人 少年欲立嬰便爲王 異軍蒼頭特起[①]
陳嬰母[②]謂嬰曰 自我爲汝家婦 未嘗聞汝先古之有貴者 今暴得大名
不祥 不如有所屬 事成猶得封侯 事敗易以亡 非世所指名也

① 異軍蒼頭特起이군창두특기

집해 응소는 "창두특기蒼頭特起는 다른 군중들과 다르다고 말한 것이다. 창두蒼頭는 사졸士卒들이 검은 두건을 하고는 적미赤眉나 청령靑領 같은 것으로 서로를 구별하는 것을 이른다."라고 했다. 여순은 "위군魏君의 병졸의 호칭이다. 《전국책》〈위책魏策〉에는 창두蒼頭 20만 명이 있었다."라고 했다.

【集解】 應劭曰 蒼頭特起 言與衆異也 蒼頭 謂士卒皁巾 若赤眉 青領 以相別也 如淳曰 魏君兵卒之號也 戰國策魏有蒼頭二十萬

색은 진작은 "그의 군대를 특이하게 창두蒼頭를 쓰게 해서 푸른 모자가 드러나게 한 것을 이른 것이다."라고 했다. 여순은 "특기特起는 신기新起(새로 일어나다)와 같다고 말한 것이다."라고 했다. 상고해보니 창두군蒼頭軍이 특별히 일어나 진영을 왕王으로 세워 삼고자 했는데 진영의 어머니가 진영이 왕으로 일컫는 것을 허락하지 않으면서 천하가 막 혼란한데 의지할 곳 없는 세상에서 머물 곳은 알지 못하겠다고 말한 것이다.

【索隱】 晉灼曰 殊異其軍爲蒼頭 謂著青帽 如淳曰 特起猶言新起也 按 爲蒼頭軍特起 欲立陳嬰爲王 嬰母不許嬰稱王 言天下方亂 未知瞻烏所止

③ 陳嬰母진영모

집해 장안은 "진영의 어머니는 반정潘旌 사람이다. 묘지는 반정潘旌에 있다."고 했다.

색은   상고해보니 반정潘旌은 이 읍취邑聚의 이름인데 뒤에 현縣이 되고 임회臨淮에 소속되었다.
【索隱】 按 潘旌是邑聚之名 後爲縣 屬臨淮

신주   《통감절요通鑑節要》 권16에 "진영의 어머니는 진영이 왕이 되면 망할 줄을 알았고, 왕릉王陵의 어머니는 한漢나라가 흥할 줄을 알았다[嬰母知廢 陵母知興]"라고 하여 그 어머니의 현명함을 말하고 있다. 반고의 《한서》〈서전敍傳〉에도 나온다.

진영이 이에 감히 왕을 하지 못했다. 그의 군리軍吏에게 말했다. "항씨는 대대로 장군 집안이어서 초나라에 명성이 있소.^① 지금 대사를 일으키고자 하는데 장차 그 사람이 아니면 안 될 것이요. 우리가 명족名族에게 의지한다면 진나라는 반드시 멸망할 것이요."

이에 군중들은 그의 말을 좇아서 병兵으로 항량에게 복속하였다. 항량이 회수淮水를 건너자 경포黥布와 포장군蒲將軍도^② 군사들을 항량에게 복속시켰다. 무릇 6~7만 명의 군사들이 하비下邳에^③ 주둔했다.

嬰乃不敢爲王 謂其軍吏曰 項氏世世將家 有名於楚^① 今欲擧大事 將非其人 不可 我倚名族 亡秦必矣 於是衆從其言 以兵屬項梁 項梁 渡淮 黥布 蒲將軍^②亦以兵屬焉 凡六七萬人 軍下邳^③

① 項氏世世將家有名於楚항씨세세장가유명어초

신주 항우의 조상이 지금의 하남성 침구현沈丘縣인 항項 땅에 제후로 봉해짐으로써 성을 항씨로 하였다. 그 후 초나라의 장군으로 향연, 항량, 항우로 이어졌다.

② 黥布蒲將軍경포포장군

집해 복건은 "영포英布(경포)는 포蒲 땅에서 일어났으므로 호칭을 삼 았다."고 했다. 여순은 "당양군當陽君, 포장군蒲將軍은 모두 항우에 소 속되었다고 말했다가 스스로 포장군蒲將軍이라고 고쳤다."라고 했다.

【集解】 服虔曰 英布起於蒲地 因以爲號 如淳曰 言當陽君 蒲將軍皆屬項 羽 此自更有蒲將軍

색은 상고해보니 경포黥布의 성은 영英으로서 구요咎繇의 후손인데 뒤에 죄를 지어 묵형墨刑을 당했다. 그래서 성을 경黥이라고 고쳐서 상 응하게 한 것을 말한 것이다. 위소韋昭는 "포蒲는 성姓이다."라고 말했 다. 이는 영포英布와 포장군蒲將軍 두 사람이 모두 군사를 항량에게 속 하게 했다는 것이다. 그래서 복건이 "영포가 포蒲 땅에서 일어났다."고 한 것은 잘못이다. 상고해보니 경포는 처음에 강호江湖 사이에서 일어 났다.

【索隱】 按 布姓英 咎繇之後 後以罪被黥 故改姓黥以應相者之言 韋昭云 蒲 姓也 是英布與蒲將軍二人共以兵屬項梁也 故服虔以爲英布起蒲 非也 按 黥布初起於江湖之閒

신주 영포英布(?~서기전 195)는 경포黥布라고도 한다. 지금의 안휘성 육안六安인 육현六縣 출신으로 진秦 말기와 한漢 초기의 명장이다. 항우 에게 구강왕九江王에 봉해지고 한나라 유방에서 회남왕淮南王에 봉해졌 다가 서기전 196년 반한反漢 군사를 일으켰다가 이듬해 패사했다.

③ 下邳하비

邳는 '피[被悲反]'로 발음한다. 하비下邳는 사수현泗水縣이다. 응소
는 "비邳는 설薛에 있는데 이곳으로 이사했다. 그래서 하비下邳라고 한다."
라고 했다. 상고해보니 상비上邳가 있기 때문에 하비下邳라고 말한 것이다.
【正義】 被悲反 下邳 泗水縣也 應劭云 邳在薛 徒此 故曰下邳 按 有上邳
故曰下邳

이 때 진가秦嘉는[①] 이미 경구景駒를[②] 세워 초왕楚王으로 삼고
팽성彭城[③] 동쪽에 군사를 주둔시켜 항량을 막으려고 했다. 항량
이 군리軍吏에게 일러 말했다.

"진왕陳王(진승)이 가장 먼저 군사를 일으켰지만 전세가 불리하
게 되어 어디에 있는지 듣지 못했다. 지금 진가가 진왕陳王을 배
신하고 경구景駒를 세워 무도無道하게 반역했다."

이에 군사를 내어 진가를 공격했다. 진가의 군대가 무너져 달아
나자 추격해서 호릉胡陵까지[④] 이르렀다. 진가가 쫓겨 달아났다가
다시 반격한 지 하루 만에 진가는 죽고 군대는 항복했다. 경구
는 달아나다가 양梁 땅에서[⑤] 죽었다. 항량이 진가의 군대를 병
합하여 호릉에 군대를 주둔시키고 장차 군대를 이끌고 서쪽으
로 가려고 했다.

當是時 秦嘉[①]已立景駒[②]爲楚王 軍彭城東 欲距項梁 項梁謂軍吏曰
陳王先首事 戰不利 未聞所在 今秦嘉倍陳王而立景駒 逆無道 乃進
兵擊秦嘉 秦嘉軍敗走 追之至胡陵[④] 嘉還戰一日 嘉死 軍降 景駒走
死梁[⑤]地 項梁已并秦嘉軍 軍胡陵 將引軍而西

① 秦嘉진가

집해 〈진섭세가陳涉世家〉에는 "진가는 광릉 사람이다."라고 했다.
【集解】 陳涉世家曰 秦嘉 廣陵人

② 景駒경구

집해 문영文潁은 "경구景駒는 초楚나라의 족속으로서 경景은 씨이고
구駒는 이름이다."라고 했다.
【集解】 文潁曰 景駒楚族 景氏 駒名

③ 彭城팽성

정의 《괄지지》에는 "서주徐州 팽성현彭城縣은 옛날 팽조국彭祖國이
다."라고 했다. 진가가 이 성의 동쪽에 군대를 주둔한 것을 말한 것이다.
【正義】 括地志云 徐州彭城縣 古彭祖國也 言秦嘉軍於此城之東

④ 胡陵호릉

집해 등전鄧展은 "지금의 호릉胡陵은 산양山陽에 속해 있다. 한漢나
라 장제章帝가 호릉胡陵이라고 고쳤다."라고 했다.
【集解】 鄧展曰 今胡陸 屬山陽 漢章帝改曰胡陵

⑤ 梁양

신주 지금의 하남성河南省 동부東部 일대를 가리킨다. 전국시대 위국魏國에 속했다.

장함章邯의 군대가 율栗 땅에① 이르자 항량이 별장 주계석朱雞石과② 여번군餘樊君에게③ 싸우도록 했다. 여번군이 전사했다. 주계석의 군사들도 무너져 호릉으로 달아났다. 항량이 이에 군사를 이끌고 설薛 땅으로④ 들어가 주계석을 처단했다. 항량은 전에 항우에게 따로 양성襄城을⑤ 공격하게 했는데 양성에서 굳게 지켜서 함락시키지 못했다. 이미 공격해서 무너뜨린 후 모두 구덩이에 묻어버렸다. 돌아와 항량에게 보고했다. 항량은 진왕이 확실히 죽었다는 소식을 듣고 여러 별장들을 설薛 땅에 모이게 해서 일을 계획했다. 이때 패공沛公 또한 패沛 땅에서⑥ 이곳으로 왔다.

章邯軍至栗① 項梁使別將朱雞石② 餘樊君③與戰 餘樊君死 朱雞石軍敗 亡走胡陵 項梁乃引兵入薛④ 誅雞石 項梁前使項羽別攻襄城⑤ 襄城堅守不下 已拔 皆阬之 還報項梁 項梁聞陳王定死 召諸別將會薛計事 此時沛公亦起沛⑥ 往焉

---

① 栗율

서광은 "율栗은 현 이름이고 패沛 땅에 있다."고 했다.
【集解】 徐廣曰 縣名 在沛

② 朱雞石주계석

《한서漢書》에 "부리현 사람으로 진승이 왕위에 오를 때 봉기하였다."고 기록하였다. 후에 항량의 부장으로 활약했으나 그의 생애에 대해서는 자세하지 않다.

③ 餘樊君여번군

봉호명封號名이다. 항량의 부장으로 그의 생애에 대해서는 자세하지 않다.

④ 薛설

《괄지지》에는 "옛 설성薛城은 옛날 설후국薛侯國이다. 서주徐州 등현滕縣 경계에 있으며 황제黃帝를 봉한 곳이다."라고 했다. 《좌전》에는 정공定公 원년 설재薛宰가 이르기를 "설薛의 조상인 해중奚仲이 설薛에 거처해서 하거정夏車正이 되었다."고 했는데 후에 맹상군孟嘗君 전문田文을 봉한 읍이라고 했다.
【正義】 括地志云 故薛城古薛侯國也 在徐州滕縣界 黃帝之所封 左傳曰定公元年薛宰云 薛之祖奚仲居薛 爲夏車正 後爲孟嘗君田文封邑也

⑤ 襄城양성

[정의] 허주許州 양성현襄城縣이다.

【正義】 許州襄城縣

⑥ 沛패

신주 지금의 강소성江蘇省 패현沛縣이다.

거소居巢 사람 범증范增은[1] 나이가 70세으로서 평소 집안에만 거처했지만 기묘한 계책 세우기를 좋아했는데 항량에게 가서 설득해서 말했다.

"진승陳勝이 무너진 것은 진실로 당연한 것입니다.[2] 대저 진秦나라가 여섯 나라를 멸망시켰지만 초나라는 아무런 죄가 없었습니다. 초나라 회왕懷王이 진나라에 들어가 돌아오지 못했던 것을[3] 초나라 사람들은 지금까지 애처롭게 여기고 있습니다. 그래서 초나라의 남공南公이,[4] '초나라가 비록 세 집밖에 남지 않았다고 하더라도 진나라를 멸망시킬 자는 반드시 초나라이다.'[5]라고 말했습니다. 지금 진승이 가장 먼저 군사를 일으켰지만 초나라의 후예를 세우지 않고 스스로 왕이 되었으니 그 세력이 장구하지 못한 것입니다. 지금 그대가 강동江東에서 일어나니 초나라의 장수들이 벌떼처럼 일어나[6] 모두 다투어 그대에게 의탁한 것은 그대의 집안이 대대로 초나라의 장군이었기에 그대가 다시 초나라 왕의 후예를 세울 수 있다고 여겼기 때문입니다."

居鄭人范增[1] 年七十 素居家 好奇計 往說項梁曰 陳勝敗固當[2] 夫秦滅六國 楚最無罪 自懷王入秦不反[3] 楚人憐之至今 故楚南公[4]曰 楚雖三戶 亡秦必楚也[5] 今陳勝首事 不立楚後而自立 其勢不長 今君起江東 楚蜂午之將[6]皆爭附君者 以君世世楚將 爲能復立楚之後也

① 居鄭人范增거소인범증

진작은 '소절勳絕의 소勳'라고 발음한다고 했다. 〈지리지〉에는 거소현居鄛縣은 여강군廬江郡에 있고 '소鄛'로 발음한다. 이런 까닭으로 '소국鄛國'이며 하걸夏桀이 달아났던 곳이다. 순열荀悅의 《한기漢紀》에는 "범증范增은 부릉阜陵 사람이다."라고 했다.

【索隱】 晉灼音勳絕之勳 地理志 居鄛縣在廬江郡 音巢 是故巢國 夏桀所奔 荀悅漢紀云 范增 阜陵人也

범증范增(서기전 277년~서기전 204년)은 평생을 독서와 농사로 은거했던 전략가였다. 항량과 계포의 간곡한 요청으로 항량에게 나갔을 때 나이가 70세였다. 그가 정사에 나간 후 초나라는 크게 성장했다. 그러나 항우는 홍문연에서 유방을 죽여야 한다는 범증의 계책을 받아들이지 않음으로써 유방에게 패배하게 되는 단초가 되었다.

② 固當고당

고저작顧著作이 이르기를 "(진승은) 진실로 마땅히 패한 것이 당연하다."라고 했다. 당當의 발음은 글자와 같다.

【正義】 顧著作云 固宜當應敗也 當音如字

③ 懷王入秦不反회왕입진불반

서기전 299년 진소왕秦昭王은 초나라를 침공한 후 무관武關에서 회맹하자고 제의했다. 초회왕은 소휴昭睢와 굴원屈原의 권고를 듣지 않고 무관으로 갔다가 진나라에 끌려가 억류되었다. 초회왕이 국토의 할양을 거부하자 진나라는 회왕을 억류하고 초 태자를 세웠는데 그가 경양왕頃襄王이다. 초 경양왕 2년(서기전 297) 한韓, 위魏나라가 진나라를 공격한 틈을 타서 회왕은 도주했지만 진나라가 초나라로 가는 길을 봉쇄해서 조나라로 갔으나 받아주지 않았고 다시 위魏나라로 도주하려 하다가 체포되어 끝내 진나라에서 죽었다.《사기》〈초세가〉에 자세하게 기록되어 있다.

④ 楚南公초남공

집해 서광은 "남공南公은 초나라 사람인데 음과 양에 대해서 해박했다."라고 했다. 배인이 상고해보니 문영文穎은 "남방南方 노인이다."라고 했다.

【集解】 徐廣曰楚人也 善言陰陽 駰案 文穎曰 南方老人也

색은 서광은 "초나라 사람으로 음과 양에 해박했다고《천문지天文志》에 나와 있다."고 했다.

【索隱】 徐廣云 楚人善言陰陽者 見天文志也

정의 우희虞喜의《지림志林》에는 "남공南公은 도사道士인데 폐廢하고 흥興하는 운수에 밝았는데, 진秦나라는 반드시 초나라에 망할 것임을 안다."라고 했다.《한서》〈예문지藝文志〉에는 "남공南公 13편이 있고 육국六國 때의 사람이며 음양가류陰陽家流에 속해 있다."고 했다.

【正義】 虞喜志林云 南公者 道士 識廢興之數 知亡秦者必於楚 漢書藝文
志云 南公十三篇 六國時人 在陰陽家流

⑤ 楚雖三戶亡秦必楚也초수삼호망진필초야

집해 신찬이 이르기를 "초나라 사람이 진秦나라를 원망하지만 비록
세 집안으로도 오히려 진나라를 멸망시키는데 족할 것이다."라고 했다.
【集解】 瓚曰 楚人怨秦 雖三戶猶足以亡秦也

색은 신찬이나 소림은 해설이 동일하다. 위소는 삼호三戶가 초楚나
라의 3대三大 성씨인 소昭, 굴屈, 경景이라고 생각했다. 두 가지의 설명이
모두 잘못되었다. 상고해보니 《좌씨左氏》에는 "초나라의 군사에게 삼호
三戶를 주었다."라고 했다. 두예杜預의 주석에는 "지금 단수현丹水縣 북쪽
삼호정三戶亭이다."라고 했는데 곧 이곳의 지명임을 의심하지 않는다.
【索隱】 臣瓚與蘇林解同 韋昭以爲三戶 楚三大姓昭 屈 景也 二說皆非也
按 左氏 以畀楚師于三戶 杜預注云 今丹水縣北三戶亭 則是地名不疑

정의 상고해보니 복건이 이르기를 "삼호三戶는 장수진漳水津이다."라
고 했다. 맹강은 "진津은 골짜기에서 흐르는 물 이름이다. 업鄴의 서쪽
30리에 있다."고 했다. 《괄지지》에는 "탁장수濁漳水가 또 동쪽으로 갈
공정葛公亭 북쪽을 경유하고 삼호협三戶夾을 지나서 삼호진三戶津이 되
는데 상주相州 부양현滏陽縣의 경계에 있다."고 했다. 그렇다면 남공南公
은 음과 양을 판단하여 무너지고 일어나는 수를 알았으니 진秦나라가

반드시 삼호에서 망한다는 것을 안 것이다. 그래서 이렇게 말한 것이다. 뒤에 항우가 과연 삼호진三戶津을 건너 장함章邯의 군대를 쳐부수니 장함이 항복했고 진나라가 드디어 멸망했다. 이것이 남공南公의 좋은 예언이었다.

【正義】 按 服虔云 三戶 漳水津也 孟康云 津峽名也 在鄴西三十里 括地志 云 濁漳水又東經葛公亭北 經三戶峽 爲三戶津 在相州滏陽縣界 然則南公 辨陰陽 識廢興之數 知秦亡必於三戶 故出此言 後項羽果度三戶津破章邯 軍 降章邯 秦逐亡 是南公之善識

신주 삼호망진三戶亡秦라고도 하며 힘이 적어도 큰 결심을 하면 승리한다는 것을 비유하는 말이다. 진나라에 가서 돌아오지 못하고 죽은 회왕懷王에 대하여 초나라 사람들의 적개심敵愾心이 잘 드러나 있다.

⑥ 蠭午之將봉오지장

집해 여순은 "봉오蠭午는 봉기蠭起와 같다고 말했다. 많은 벌떼들이 날아다니면서 일제히 뒤섞이는 것이 오午인데, 그 수가 많다고 한 것이다."라고 말했다.

【集解】 如淳曰 蠭午猶言蠭起也 衆衆飛起 交橫若午 言其多也

색은 무릇 종횡으로 교차하는 것을 오午라고 하는데, 벌떼가 일어나서 왔다갔다하면서 떼지어 모여 있는 것을 말한다. 그래서《유향전劉向傳》의 주석에는 '봉오蜂午는 잡답雜沓(북적북적한 것)한 것이다'라고 했다.

또 정현은 "한 번은 가로로 한 번은 세로로 왔다갔다하는 것이 오午이다."라고 했다.

【索隱】 凡物交橫爲午 言蠭之起交橫屯聚也 故劉向傳注云 蠭午 雜沓也 又鄭玄曰 一縱一橫爲午

> 이에 항량이 범증의 말에 그렇다고 여기고 초나라 회왕懷王의 손자인 심心을 민간에서 찾으니 남의 양을 키우고 있었는데[①] 초회왕楚懷王으로[②] 세워서 백성의 소망을 따랐다.[③] 진영은 초나라의 상주국上柱國이[④] 되어 5개 현縣을 식읍으로 받고 회왕과 함께 후이盱台에[⑤] 도읍했다. 항량은 스스로 무신군武信君이라고 호칭했다.
>
> 於是項梁然其言 乃求楚懷王孫心民閒 爲人牧羊[①] 立以爲楚懷王[②] 從民所望也[③] 陳嬰爲楚上柱國[④] 封五縣 與懷王都盱台[⑤] 項梁自號爲武信君

① 爲人牧羊 위인목양

신주 항량은 초 왕실의 후손을 찾아 왕으로 옹립하라는 범증의 충고가 일리가 있다고 여기고 양을 치던 회왕懷王의 손자 웅심熊心을 찾아내서 초회왕楚懷王으로 삼았다. 후에 의제義帝가 되었다.

② 楚懷王초회왕

[집해] 서광은 "이때가 2세 2년(서기전 208) 6월이다."라고 했다.

【集解】 徐廣曰 此時二世之二年六月

③ 從民所望종민소망

[집해] 응소는 "조상의 시호를 호칭을 삼음으로써 백성의 소망을 따른 것이다."라고 했다.

【集解】 應劭曰 以祖謚爲號者 順民望

④ 上柱國상주국

[신주] 춘추시대부터 있었던 군대의 직위로 높은 통수권자를 말한다. 전국시대에도 위나라, 조나라, 초나라가 이 제도를 두고 전공이 많은 자에게 훈작勳爵의 명칭으로 부여했다. 《전국책》 〈제책삼齊策三〉에 "안읍은 위의 주국이오, 진양은 조의 주국이오, 언영은 초의 주국이다.[安邑者, 魏之柱國也, 晉陽者, 趙之柱國也 鄢郢者, 楚之柱國也]"라고 했다. 고유高誘의 주注에 "주국은 도읍이다.[高誘注 "柱國 都也]" 후에 초나라에서는 최고의 무관을 일컫게 되었다. 적과 싸울 때 군대에 맞서 격파하고 장군을 죽이는 전공이 있는 자를 상주국으로 삼았는데, 영윤에 다음가는 벼슬이었다.[后爲楚最高武官 時立覆軍殺將有戰功者爲上柱國 位僅次于令尹]"라고 했다.

⑤ 盱台후이

집해 정씨鄭氏는 "盱台는 후이煦怡로 발음한다."고 했다.
【集解】 鄭氏曰 音煦怡

정의 盱는 발음이 '후[況于反]'고, 台는 발음이 '이[以之反]'다. 후이盱
台는 지금의 초주楚州인데 회수淮水가 이르는 곳으로 회왕懷王이 도읍
했다.
【正義】 盱 況于反 台 以之反 盱台 今楚州 臨淮水 懷王都之

항량, 정도에서 죽다

수개월 있다가 군사를 이끌고 강보亢父를① 공격하고 제나라의
전영田榮과② 사마용저司馬龍且의③ 군대와 함께 동아東阿를④ 구
원하러 가서 진秦나라의 군사를 동아에서 크게 쳐부수었다. 전
영이 즉시 군사를 인솔하고 돌아가 제나라 왕 전가田假를 축출
했다. 전가는 초楚나라로 달아났다. 전가의 재상 전각田角은 조
趙나라로 달아났다. 전각의 아우 전간田閒은 지난날 제나라의
장수였는데 조나라에 살면서 감히 돌아오지 못했다.

居數月 引兵攻亢父① 與齊田榮② 司馬龍且③軍救東阿④ 大破秦軍於
東阿 田榮即引兵歸 逐其王假 假亡走楚 假相田角亡走趙 角弟田閒
故齊將 居趙不敢歸

① 亢父강보

亢의 발음은 '강剛'이고 父의 발음은 '보甫'이다.《괄지지》에는 "강보亢父 고성은 연주兗州 임성현任城縣 남쪽 51리에 있다."고 했다.

【正義】 亢音剛 又苦浪反 父音甫 括地志云 亢父故城在兗州任城縣南五十一里

② 田榮전영

진말秦末의 제나라의 군벌이다. 당시의 왕 전가田假를 축출하고 친형 전담田儋의 아들 전시田市를 추대했으나 그 후 전시를 살해하고 자신이 스스로 왕위에 올랐다. 전시를 살해함으로써 항우의 미움을 사 결국 항우에게 살해당했는데, 이때 항우에 맞서 싸운 전횡田橫이 초나라 군대를 격파하고 전영의 아들 전광田光을 후임 왕으로 세웠다.

③ 司馬龍且사마용저

초회왕楚懷王의 장령將領으로 벼슬이 사마司馬이다.《상밀주석통감언해通鑑諺解》에 '且'는 음音이 '저菹'라고 했다.

④ 東阿동아

《괄지지》에는 "동아東阿의 고성은 제주濟州 동아현東阿縣 서남쪽 25리에 있는데 한漢나라의 동아현성東阿縣城이었으며 진秦나라 때에는 제나라의 아阿 땅이었다."라고 했다.

전영은 전담田儋의 아들 전시田市를 세워 제왕齊王으로 삼았다. 항량은 이미 동아를 쳐부수고 그 아래에 주둔했다가 드디어 진나라 군사들을 추격했다. 자주 사신을 보내 제나라 군사들을 독촉해① 함께 서쪽으로 가자고 요구했다. 전영이 말했다.

"초나라에서 전가를 죽이고 조趙나라에서 전각田角과 전간田間을 죽인다면 군사를 발동하겠소."

항량이 말했다.

"전가는 동맹했던 나라의② 왕이었소. 처지가 궁색해져서 우리를 따르는데 차마 죽이지 못하겠소."

조나라도 또한 전각과 전간을 죽이는 것으로 제나라와 거래하려고 하지 않았다. 제나라는 결국 군사를 일으켜 초나라를 도우려 하지 않았다.

田榮立田儋子市爲齊王 項梁已破東阿下軍 逐追秦軍 數使使趣①齊兵 欲與俱西 田榮曰 楚殺田假 趙殺田角 田間 乃發兵 項梁曰 田假爲與國②之王 窮來從我 不忍殺之 趙亦不殺田角 田間以市於齊 齊逐不肯發兵助楚

① 數使使趣삭사시촉

아래의 使는 '시[色吏反]'라고 읽는다. 趣의 발음은 '촉促'이다.

【正義】 下使 色吏反 趣音促

신주 자주 사신을 보내서 독촉했다는 뜻이다.

② 與國여국

집해 여순은 "서로 함께 잘 사귀는 것을 여국與國(동맹)이라고 하는데 당여黨與(한 편인 무리)이다."라고 했다.

【集解】 如淳曰 相與交善爲與國 黨與也

색은 상고해보니 고유高誘는《전국책》주석에서 '여국與國은 화禍와 복福을 함께하는 나라이다.'라고 했다.

【索隱】 按 高誘注戰國策云 與國 同禍福之國也

③ 田角田間以市於齊전각전간이시어제

집해 장안은 "시장에서 서로 무역해서 이롭게 하는 것과 같은 것이다. 항량이 전영田榮을 어려움에서 구원했지만 명命을 사용하지 않는 것과 같다. 항량이 생각하기에 전가田假 등을 죽인다고 해서 전영이 반드시 많은 군사들을 출병시키지는 않을 것이기에《춘추》에 의거해서 자신에게 기대어 있는 공公을 이 예로써 대우하는 것만 같지 못하며, 또 무역해서 다른 이익과 바꾼다면 자신에게 해로운 것은 제거할 수 있겠

지만 마침내 덕을 배반하고 전가가 제나라를 정벌하는 것을 돕는 것이
된다. 그래서 시장에서 무역하는 것이라고 말한 것이다."라고 했다. 진
작은 "전가田假는 옛 제왕齊王 전건田建의 아우인데 초나라에서 죽여서
자신의 이익을 위하려고 했지만 초나라에서 보전해서 죽이지 않고 그
계책을 샀다. 그래서 '시市'라고 한 것이다."라고 했다.

【集解】 張晏曰 若市買相貿易以利也 梁救榮難 猶不用命 梁念殺假等 榮
未必多出兵 不如依春秋寄公待以禮也 又可以貿易他利 以除己害 逐背德
可輔假以伐齊 故曰市貿易也 晉灼曰 假 故齊王建之弟 欲令楚殺之 以爲己
利 而楚保全不殺 以買其計 故曰市也

색은 장안은 "시市는 무역貿易(팔고 사는 것)이다."라고 했다. 위소는
"제나라에 이롭게 흥정하는 것이다."라고 했다. 그래서 유씨劉氏가 또한
이르기를 "시市는 요구하는 것과 같다."고 했다. 전가田假를 죽이지 않
고 억류시켜서 전영田榮을 협박하면서 요구하고자 한 것이다.

【索隱】 按 張晏云 市 貿易也 韋昭云 市利於齊也 故劉氏亦云 市猶要也 留
田假而不殺 欲以要脅田榮也

항량은 패공과[1] 항우를 시켜서 별도로 성양城陽을[2] 공격해 도륙했다. 서쪽으로 진나라의 군대를 복양濮陽[3] 동쪽에서 쳐부수니 진나라 군사들은 남은 병력을 거두어 복양으로 들어갔다. 패공과 항우는 이에 정도定陶를[4] 공격했다. 정도가 함락되지 않자 떠나서 서쪽 지역을 순회하며 옹구雍丘에[5] 이르렀다. 옹구에서 진나라의 군대를 크게 쳐부수고 이유李由를[6] 참수했다. 돌아와 외황外黃을[7] 공격했지만 외황은 함락되지 않았다.

項梁使沛公[1]及項羽別攻城陽[2] 屠之 西破秦軍濮陽[3]東 秦兵收入濮陽 沛公 項羽乃攻定陶[4] 定陶未下 去 西略地至雍丘[5] 大破秦軍 斬李由[6] 還攻外黃[7] 外黃未下

① 沛公패공

신주 유방을 가리킨다. 패공이란 칭호는 진秦나라 때 진승이 봉기하자 패현沛縣 백성들도 소문을 듣고 현령縣令을 죽인 후 유방을 맞아들여 패공沛公으로 삼은데서 유래한다. 패공이 된 유방은 황제黃帝와 치우蚩尤에게 제사하고 군기軍旗를 붉은 색으로 정했다. 자신이 화덕火德을 타고 났다고 여겼기 때문이다. 사마천이 유방이라 하지 않고 패공으로 기록한 것은 한漢을 건국한 황제의 이름을 휘諱(꺼림)한 것이다.

② 城陽성양

정의 《괄지지》에는 "복주濮州 뇌택현雷澤縣은 본래 한漢나라의 성양 城陽인데 주州의 동쪽 91리에 있다. 〈지리지〉에 성양城陽은 제음군濟陰 郡에 소속되었으며 옛 성백국郕伯國이고 희성姬姓의 나라이다. 《사기》에 주나라 무왕의 막내아우 재載를 성郕에 봉했으며 그의 후예를 성城의 남쪽으로 옮겼다. 그래서 성양城陽이라고 한다."고 했다.

【正義】 括地志云 濮州雷澤縣 本漢城陽 在州東九十一里 地理志云 城陽 屬濟陰郡 古郕伯國 姬姓之國 史記周武王封季弟載于郕 其後遷於城之陽 故曰城陽

③ 濮陽복양

정의 《괄지지》에는 "복양성濮陽城은 복주濮州 서쪽 86리의 복현濮縣 에 있는데 옛날 오국吳國이다."라고 했다. 상고해보니 성양城陽을 공격해 서 도륙하고 서쪽으로 진秦나라 군사를 복양현에서 쳐부수었다. 동쪽 이란 곧 이 현의 동쪽이다.

【正義】 括地志云 濮陽縣在濮州西八十六里濮縣也 古吳之國 按 攻城陽 屠之 西破秦軍濮陽縣也 東卽此縣東

④ 定陶정도

정의 정도定陶는 조주성曹州城이다. 복양 남쪽에서 정도定陶를 공격 했다.

【正義】 定陶 曹州城也 從濮陽南攻定陶

⑤ 雍丘용구

정의 옹구는 지금의 변주현汴州縣이다. 〈지리지〉에는 "옛 기국杞國이
며 무왕武王이 우禹의 후예를 기杞에 봉하고 동루공東樓公이라고 칭했
으며 21세世인 간공簡公 때 초나라에 멸망당했다."라고 했다. 그것이 곧
이 성이다.

【正義】 雍丘 今汴州縣也 地理志云 古杞國 武王封禹後於杞 號東樓公
二十一世簡公 爲楚所滅 卽此城也

⑥ 李由이유

집해 응소는 "유由는 이사李斯의 아들이다."라고 했다.

【集解】 應劭曰 由 李斯子也

⑦ 外黃외황

정의 《괄지지》에는 "옛 주성周城이 곧 외황外黃 땅인데 옹구현雍丘縣
동쪽에 있다."라고 했다. 장안은 "위군魏郡에 내황현內黃縣이 있다. 그래
서 '외外' 자를 더해서 외황현이다."라고 했다. 신찬은 "현縣에 황구黃溝
가 있는데 옛 이름이다."라고 했다.

【正義】 括地志云 故周城卽外黃之地 在雍丘縣東 張晏曰 魏郡有內黃縣
故加 外也 臣瓚曰 縣有黃溝 故名

신주 현 중에 황구현이 있다는 말이다.

항량은 동아東阿에서 일어나 서쪽으로 정도定陶에 이르러 재차 진군을 쳐부수었으며, 항우 등이 또 이유李由를 참수하자 더욱 진나라를 가볍게 여기고 교만한 기색이 있게 되었다. 송의宋義가[①] 이에 항량에게 간해서 말했다.

"싸움에서 승리했다고 장군이 교만해지고 군졸들이 나태해지면 무너지는 것입니다. 지금 군졸들이 조금 나태해졌고 진나라 군사들은 날마다 증가하고 있으니 신은 군君을[②] 모시는데 두려움이 생깁니다."

항량이 듣지 않았다. 이에 송의를 제나라에 사신으로 가게 했다. 길에서 제나라의 사신인 고릉군高陵君 현顯을[③] 만나서 말했다.

"공께서는 장차 무신군武信君(항량)을 만날 것입니까?"

고릉군이 대답했다.

"그렇소."

송의가 말했다.

"신臣이 논하건대 무신군의 군대는 반드시 무너질 것입니다. 공께서 천천히 가시면 곧 죽음을 면하겠지만 빨리 가시면 화禍를 입을 것입니다."

項梁起東阿 西 (北)[比]至定陶 再破秦軍 項羽等又斬李由 益輕秦 有驕色 宋義[①]乃諫項梁曰 戰勝而將驕卒惰者敗 今卒少惰矣 秦兵日益 臣爲君[②]畏之 項梁弗聽 乃使宋義使於齊 道遇齊使者高陵君顯[③] 曰 公將見武信君乎 曰 然 曰臣論武信君軍必敗 公徐行即免死 疾行則及禍

① 宋義송의

신주 송의(?~서기전 207년)는 병법가이다. 전국시대 연나라 사람 송무기宋無忌의 후손으로 무신후武信侯에 봉해졌다. 조나라 거록巨鹿에서 진군과 전투에 대한 이견으로 항우에게 죽임을 당했다.

② 君군

신주 항량은 스스로 자신을 무신군武信君이라고 칭했다.

③ 高陵君顯고릉군현

집해 장안은 "현顯은 이름이다. 고릉高陵은 현縣의 이름이다."라고 했다.
【集解】 張晏曰 顯 名也 高陵 縣名

색은 상고해보니 진작은 "고릉高陵은 낭야琅邪에 소속되었다."고 했다.
【索隱】 按 晉灼云 高陵屬琅邪

진나라는 마침내 모든 군사들을 일으켜 장함章邯에게 보태주어 초나라 군대를 공격하여 정도에서 대파大破하니 항량이 죽었다. 패공과 항우도 외황外黃을 버리고 진류陳留를 공격했지만 진류에서 굳게 지키니 함락시키지 못했다. 패공과 항우가 서로 논의해서 말했다.

"지금 항량의 군대가 무너져서 사졸들이 두려워하고 있소."

이에 여신呂臣의[①] 군대와 함께 군사를 이끌고 동쪽으로 갔다. 여신의 군대가 팽성 동쪽으로 갔고, 항우의 군대는 팽성의 서쪽으로 갔으며 패공의 군대는 탕碭에[②] 주둔했다.

秦果悉起兵益章邯 擊楚軍 大破之定陶 項梁死 沛公 項羽去外黃攻陳留 陳留堅守不能下 沛公 項羽相與謀曰 今項梁軍破 士卒恐 乃與呂臣[①]軍俱引兵而東 呂臣軍彭城東 項羽軍彭城西 沛公軍碭[②]

① 呂臣여신

신주　여신(약 서기전 235년~서기전 173년)은 진승의 시종侍從으로 진승이 마부 장고莊賈에게 살해당한 후 그의 아버지 여청呂靑과 신양에서 창두군蒼頭軍을 조직하고 진현을 공격해서 장고를 죽였다. 또 영포군英布軍과 연합하여 진군秦軍을 공격한 후에 항량의 군대에 귀속하였다. 항량의 군대가 패망하니 초회왕이 여신을 항우군이 거두게 하고 위사도爲司徒에 봉했다. 후에 한고조 유방에 투항했고, 아버지에 이어 신양후 新陽侯에 봉해졌다.

② 碭탕

집해　응소는 "탕碭은 양국梁國에 소속되었다."고 했다. 소림은 "碭은 '당唐'으로 발음한다."고 했다.

【集解】　應劭曰 碭 屬梁國 蘇林曰 碭音唐

정의　《괄지지》에는 "송주宋州 당산현碭山縣은 본래 한漢나라 당현碭縣인데 송주宋州 150리에 있다."고 했다.

【正義】　括地志云 宋州碭山縣 本漢碭縣也 在宋州東百五十里

장함은 이미 항량의 군대를 쳐부수었으니 초나라 땅의 군대는 근심할 것이 없다고 여기고 이에 하수를 건너서 조나라를 공격해 크게 쳐부수었다. 이때 조나라는 조헐趙歇이[1] 왕이 되고, 진여陳餘가 장수가 되고, 장이張耳가 재상이 되어[2] 모두 거록성鉅鹿城으로 달려 들어갔다. 장함이 왕리王離와 섭간涉閒을[3] 시켜 거록을 포위했다. 장함은 그 남쪽에 주둔하고 용도甬道를 만들어 군량미를 수송했다.[4] 진여는 장군이 되어 군사 수만 명을 인솔하고 거록 북쪽에 주둔했다. 이것이 이른바 하북河北 군대였다.

章邯已破項梁軍 則以爲楚地兵不足憂 乃渡河擊趙 大破之 當此時 趙歇[1]爲王 陳餘爲將 張耳爲相[2] 皆走入鉅鹿城 章邯令王離 涉閒[3] 圍鉅鹿 章邯軍其南 築甬道而輸之粟[4] 陳餘爲將 將卒數萬人而軍鉅鹿之北 此所謂河北之軍也

① 趙歇조헐

신주 조헐(?~서기전 205, 혹 204년)은 진나라 말기 조趙나라 종실宗室인데, 진승이 세웠던 조왕 무신武臣이 죽은 후 장이張耳, 진여陳餘 등에 의해서 조왕으로 옹립되었다. 서기전 206년 서초패왕西楚霸王 항우에 의해 대왕代王에 책봉되었는데 한漢나라와 싸우다가 진여와 함께 전사했다.

② 陳餘爲將張耳爲相진여위장장이위상

신주   장이(?~서기전 202년)와 진여(?~서기전 205년)는 대량 사람으로
진여가 장이를 아버지처럼 섬길 만큼 둘 사이는 문경지교刎頸之交였다.
위 공자魏公子 신릉군信陵君의 식객이었던 장이는 진여와 함께 군사를
일으켰는데, 진승이 반란을 일으키자 무신武臣을 따라 조나라를 정벌
하였다. 이로 인해 무신이 조왕趙王이 되니 장이는 우승상右丞相에 올
랐고, 진여는 대장군이 되었다. 후에 둘의 사이가 멀어져 진여가 장이를
공격하자 장이는 유방에게 투항하여 한신과 함께 조군을 격파하고 조
왕에 봉해졌으나 진여는 정형井陘의 싸움에서 실패해 유방에게 죽임을
당했다.

③ 涉閒섭간

집해   장안은 "섭涉은 성이고 간閒은 이름이다. 진秦나라 장수이다."
라고 했다.
【集解】 張晏曰 涉 姓 閒 名 秦將也

④ 築甬道而輸之粟축용도이수지속

집해   응소는 "적군이 군수품[輜重](치중)을 노략질할까 두려워서 담
을 쌓아서 거리처럼 만드는 것이다."라고 했다.
【集解】 應劭曰 恐敵抄輜重 故築牆垣如街巷也

신주 용도甬道란 길 양쪽에 나무 등으로 담을 쌓아 적들이 볼 수 없게 만든 길이다.

초나라의 군사가 이미 정도에서 패하자 회왕이 두려워서 우대盱台에서[1] 팽성으로 가서는 항우와 여신呂臣의 군대를 합쳐 스스로 거느렸다. 여신을 사도司徒로 삼고, 그의 아버지 여청呂青을[2] 영윤으로[3] 삼았다. 패공을 탕군碭郡의 장長으로[4] 봉하여 무안후武安侯로 삼고 탕군碭郡의 군사를 거느리게 했다.

楚兵已破於定陶 懷王恐 從盱台[1]之彭城 并項羽 呂臣軍自將之 以呂臣爲司徒 以其父呂青[2]爲令尹[3] 以沛公爲碭郡長[4] 封爲武安侯 將碭郡兵

---

① 盱台우대

신주 후이盱眙, 또는 우태라고도 한다. 서주 때 하비국下邳國에 속했다. 지금의 안휘성 후이盱眙를 가리킨다. 그 성터가 아직도 남아 있다.

② 呂青여청

신주 여신의 아버지로 초회왕 때 영윤令尹을 지냈고, 한왕 5년에 영윤의 신분으로 유방劉邦에게 투항하여 신양후新陽侯에 봉해졌다.

③ 令尹영윤

　[집해]　응소는 "천자는 사윤師尹을 두고 제후는 영윤을 두는데 당시 육국六國의 거리가 아주 가까워서 영윤을 설치했다."고 말했다. 신찬은 "제후의 재상[卿]을 말하는데 초나라만 영윤이라고 칭했다. 당시 초나라의 후예를 세웠기 때문에 관사官司도 초나라의 옛 것과 같이 했다."라고 했다.

【集解】　應劭曰 天子曰師尹 諸侯曰令尹 時去六國尚近 故置令尹 瓚曰 諸侯之卿 唯楚稱令尹 時立楚之後 故置官司皆如楚舊

④ 長장

　[집해]　소림은 "장長은 군수郡守와 같다."라고 했다.

【集解】　蘇林曰 長如郡守也

제
一
장
·
라

항우, 거록을 구원하다

그 전에 송의宋義가 만났던 제나라 사신 고릉군高陵君 현顯이①
초나라의 군영에서 초나라 왕을 만나서 말했다.

"송의가 논하기를 무신군武信君의 군대는 반드시 무너질 것이라
고 했는데 수일이 지나자 군대가 과연 무너졌습니다. 병사들이
싸우기도 전에 패하는 조짐을 미리 알았으니 이는 병법을 안다
고 이를 만합니다."

초왕楚王이 송의를 불러 함께 일의 계책을 논의하고 크게 기뻐
하면서 직책을 마련해 상장군으로 삼았다. 항우를 노공魯公으로
봉해서 차장次將으로 삼고 범증范增을 말장末將으로 삼아서 ②조
나라를 구하도록 했다.

初 宋義所遇齊使者高陵君顯①在楚軍 見楚王曰 宋義論武信君之軍
必敗 居數日 軍果敗 兵未戰而先見敗徵 此可謂知兵矣 王召宋義與
計事而大說之 因置以爲上將軍 項羽爲魯公 爲次將 范增爲末將②
救趙

① 高陵君顯고릉군현

신주 제나라 사신으로 그의 생애는 자세하지 않다. 고릉군高陵君은 봉호이고, 이름은 현顯이다.

② 王召宋義與計事~范增爲末將왕소송의여계사~범증위말장

신주 《한서漢書》〈고재기高宰紀〉에도 기록하고 있다. "회왕이 곧 송의를 상장으로 삼고, 항우를 차장으로 삼고, 범증을 말장으로 삼아 북쪽의 조나라를 구원하게 했다.[懷王乃以 宋義爲上將,項羽爲次將,范增爲末將,北救趙]"고 기록하고 있다.

여러 별장別將들은 모두 송의에게 속하게 했는데 호칭을 경자관
군卿子冠軍이라고 했다.[①] 행군해서 안양安陽에 이르렀는데 46일
간을 머물고 진격하지 않았다.[②] 항우가 말했다.

"내가 듣기에 진군秦軍이 조왕趙王을 거록에서 포위했다고 합니
다. 급하게 군대를 인솔해서 하수를 건너 초나라는 밖에서 공격
하고 조趙나라가 안에서 호응한다면 진나라 군사를 반드시 쳐
부술 수 있을 것입니다."

송의가 말했다.

"그렇지 않소. 대저 소의 등에는 쳐서 죽일 수 있지만 털 속의
이는 죽일 수 없소.[③] 지금 진나라가 조나라를 공격하고 있는데
싸워서 승리해도 군사들은 피로해질 것이니 우리는 그 피폐해진
틈을 이용해야 할 것이오. 또 진나라가 이기지 못하면 우리가 군
사를 이끌고 북을 치면서 서쪽으로 가면 반드시 진나라를 무너
뜨릴 수 있을 것이오. 그러니 먼저 진秦나라와 조나라가 싸우게
하는 것만 같지 못하오. 무릇 견고한 갑옷을 입고 예리한 무기
를 가지고 싸우는 것은 이 송의가 공公만 못하지만 앉아서 계책
을 운용하는 것은 공이 송의만 못할 것이오."

諸別將皆屬宋義 號爲卿子冠軍[①] 行至安陽 留四十六日不進[②] 項羽
曰 吾聞秦軍圍趙王鉅鹿 疾引兵渡河 楚擊其外 趙應其內 破秦軍必
矣 宋義曰 不然 夫搏牛之虻不可以破蟣蝨[③] 今秦攻趙 戰勝則兵罷
我承其敝 不勝 則我引兵鼓行而西 必擧秦矣 故不如先鬪秦趙 夫被
堅執銳 義不如公 坐而運策 公不如義

① 卿子冠軍경자관군

| 집해 | 서광은 "경卿은 다른 판본에는 '경慶'으로 되어 있다."고 했다. 문영文穎은 "경자卿子는 당시의 사람들이 서로 높이는 말로서 공자公子와 같은 말이다. 상장上將(최고 장수)에 속했으므로 관군冠軍(으뜸 군)이라고 말한 것이다."라고 했다. 장안張晏은 "곽거병霍去病(한나라 장수)의 공로가 삼군三軍에서 으뜸[冠](으뜸)이었던 것과 같이 이에 따라서 관군후冠軍侯에 봉했는데 지금은 현縣의 이름이 되었다."라고 했다.

【集解】 徐廣曰 一作慶 文穎曰 卿子 時人相褒尊之辭 猶言公子也 上將 故言冠軍 張晏曰 若霍去病功冠三軍 因封爲冠軍侯 至今爲縣名

② 行至安陽留四十六日不進행지안양류사십육일부진

| 색은 | 상고해보니《부관전傳寬傳》에 "안양安陽과 강리扛里를 공격했다."라고 했는데, 즉 안양과 강리는 다 하남河南에 있다. 안사고는 지금의 상주相州 안양현이라고 했다. 상고해보니 이 군사는 오히려 하수를 건너지 못했으니 곧 상주의 안양에 닿지 못했을 것이다. 지금《후위서後魏書》〈지형지地形志〉를 상고해보니 "기씨己氏가 안양성에 있었는데 수隋나라에서 기씨己氏를 고쳐 초구楚丘로 삼았다."라고 말했다. 지금 송주 초구 서북쪽 40리에 있는 안양 고성이 있는데 이것이다.

【索隱】 按 傅寬傳云 從攻安陽 扛里 則安陽與扛里俱在河南 顏師古以爲今相州安陽縣 按 此兵猶未渡河 不應卽至相州安陽 今檢後魏書地形志 云己氏有安陽城 隋改己氏爲楚丘 今宋州楚丘西北四十里有安陽故城是也

정의 《괄지지》에는 "안양현은 상주相州에서 다스리는 현이었다. 칠국七國(전국시대 칠웅, 즉 진·초·제·연·한·위·조) 때에는 위魏나라의 영신중읍永新中邑이었는데 진소왕秦昭王이 위나라의 영신중읍을 함락시키고 안양으로 이름을 바꾸었다."고 했다.

《장이전張耳傳》에는 장함章邯의 군대가 거록의 남쪽에서 용도甬道를 쌓아 하수에 소속시켜서 왕리王離의 군량으로 사용했다. 항우가 자주 장함의 용도를 끊자 왕리 군사의 식량이 궁핍했다. 항우가 모든 군사를 이끌고 하수를 건너 드디어 장함의 군대를 쳐부수고 거록을 포위해 함락시켰다. 또 이르기를 하수를 건너기 위해 배를 띄울 때 사흘 치 식량만 지녔다.

상고해보니 활주滑州 백마진白馬津부터 사흘 치 식량을 가지고는 형주邢州에 이르지는 못했을 것이니 하수를 건넜다는 것은 상주相州 장하漳河가 분명하다. 송의宋義가 그의 아들 양襄을 제나라를 도우려고 파견할 때 무염無鹽에 이르러 송별했는데 곧 지금의 운주鄆州 동쪽 숙성宿城이 이곳이다. 만약 안감顔監(안사고)의 설명대로 상주의 안양에 있었다면 송의는 자식을 송별하기 위해 군軍을 버리고 하수를 건널 수 없다. 남쪽 제나라로 향하면, 서남쪽은 노나라로 들어가는 경계인데 술을 마시고 성대한 모임을 가졌다면 제나라로 들어가는 길이 아닌 것이다.

송의가 비록 자식을 송별하는 것이 곡진함을 알아서 송주宋州 안양을 거치는 것이 순리라고 하더라도 그러나 거록으로 향하는 것이 너무 멀고 장함이 용도를 여러 곳 끊었으니 사흘 치 식량만 지니고 이를 수는 없는 것이다. 두 이치를 저울질해 보더라도 안양에서 자식을 송별하고 무염에 이르러 장長이 되었다는 것이니 하수를 건너고 용도를 끊었

는데 사흘 치 식량만 지니고 어찌 지체하고 머물 수 있었겠는가? 사가
史家들의 설명이 크게 왜곡되지는 않았을 것이다.

【正義】 括地志云 安陽縣 相州所理縣 七國時魏寧新中邑 秦昭王拔魏寧新
中 更名安陽 張耳傳云章邯軍鉅鹿南 築甬道屬河 餉王離 項羽數絕邯甬道
王離軍乏食 項羽悉引兵渡河 逐破章邯 圍鉅鹿下 又云渡河湛船 持三日糧
按 從滑州白馬津齎三日糧不至邢州 明此渡河 相州漳河也 宋義遣其子襄
相齊 送之至無鹽 即今鄆州之東宿城是也 若依顏監說 在相州安陽 宋義送
子不可棄軍渡河 南向齊 西南入魯界 飲酒高會 非入齊之路 義雖知送子曲
由宋州安陽理順 然向鉅鹿甚遠 不能數絕章邯甬道及持三日糧至也 均之二
理 安陽送子至無鹽爲長 濟河絕甬道 持三日糧 寧有遲留 史家多不委曲說
之也

③ 搏牛之蝱不可以破蟣蝨박우지망불가이파기슬

집해 여순은 "힘을 많이 쓰지만 서캐와 이를 잡지 못하는 것처럼 큰
힘을 들여 진秦나라를 정벌해도 조나라를 구하는 것이 불가하다고 말
한 것과 같다."라고 했다.

【集解】 如淳曰 用力多而不可以破蟣蝨 猶言欲以大力伐秦而不可以救趙也

색은 장안은 "搏은 '박博'으로 발음한다."고 했다. 위소는 "등에는
커서 밖에 있고 이는 작아서 안에 있다."고 했다. 그래서 안사고가 말하
기를 "손으로 소의 등을 쳐서 그 위에 있는 등에를 죽일 수는 있지만
그 털 안에 있는 이를 쳐 죽이지는 못하는 것처럼 바로 진秦나라를 멸

망시키려 해도 장함과 함께 곧바로 싸우는 것은 불가하다고 비유로 말한 것이다."라고 했다. 추탄생은 "搏의 음은 '부附'이다."라고 했다. 지금 상고해보니 소 위의 등에를 치는 것은 본래 그 위에 있는 이를 쳐부수는 것에 비길 바가 아니어서, 뜻이 큰 것에 있지 작은 것에 있지 않다고 말한 것이다.

【索隱】 張晏云 搏音博 韋昭云 蝱大在外 蝨小在內 故顏師古言以手擊牛之背 可以殺其上蝱 而不能破其內蝨 喻方欲滅秦 不可與章邯卽戰也 鄒氏搏音附 今按 言蝱之搏牛 本不擬破其上之蟣蝨 以言志在大不在小也

신주 박우지맹搏牛之蝱이라고도 한다. 진을 물리치려면 진의 군대와 바로 접전해서 힘을 빼는 우愚를 범하지 말고 상대가 피로해질 때까지 기다렸다가 싸우자는 계책이다.

그래서 군중軍中에 명령을 내려 말했다.

"사납기가 호랑이와 같고, 패려궂기가 양과 같고,① 탐욕스러움
이 이리와 같아, 강고彊固해서 부릴 수 없는 자는 모두 목을 벨
것이다."

이에 그의 아들 송양宋襄을 보내 제나라를 돕게 했는데 자신이
직접 무염無鹽까지② 가서 술을 마시며 큰 연회를 베풀었다.③ 하
늘이 차갑고 비가 내려 사졸들은 추위에 떨고 굶주렸다. 항우가
말했다.

"장차 힘을 다해 진나라를 공격해야 하는데 오래도록 머물면서
행군도 하지 않는다. 올해는 흉년이 들어서 백성은 가난하고 사
졸들은 토란이나 콩 따위로④ 식사를 하며 군대에 남아있는 양
식을 구경할 수도 없는데,⑤ 도리어 술 마시는 큰 연회나 열고 있
다. 군사를 인솔하고 하수를 건너 조나라로 들어가 조나라의 군
량을 먹고 조나라와 힘을 합쳐 진나라를 공격하지도 않으면서
곧 '그들이 피폐해지면 구원하겠다.'고⑥ 말하고 있다. 무릇 진秦
나라가 강彊하니 새로 세워진 조나라를 공격하면⑦ 그 형세가 반
드시 조나라를 무너뜨릴 것이다. 조나라가 무너지면 진나라는
강해질 텐데 어떻게 그들끼리 싸워서 피폐해졌다고 조나라를 구
원할 수 있겠는가? 또 초나라 군사가 새로 패해서⑧ 왕께서 좌불
안석坐不安席이신데 나라 안의 군사를 쓸어서 송의 장군에게 전
속시키셨으니 나라의 안위가 이 한 번의 거사에 달려 있을 뿐이
다. 지금 사졸을 구휼하지 않고 자신의 사사로움만 따르니⑨ 사
직의 신하가 아니다."

因下令軍中曰 猛如虎 很如羊^① 貪如狼 彊不可使者 皆斬之 乃遣其

子宋襄相齊 身送之至無鹽^② 飲酒高會^③ 天寒大雨 士卒凍飢 項羽曰

將戮力而攻秦 久留不行 今歲饑民貧 士卒食芋菽^④ 軍無見糧^⑤ 乃飲

酒高會 不引兵渡河因趙食 與趙幷力攻秦 乃曰 承其敝^⑥ 夫以秦之

彊 攻新造之趙^⑦ 其勢必舉趙 趙舉而秦彊 何敝之承 且國兵新破^⑧ 王

坐不安席 埽境內而專屬於將軍 國家安危 在此一舉 今不恤士卒而

徇其私^⑨ 非社稷之臣

① 很如羊흔여양

정의   很은 발음이 '한[何懇反]'이다.
【正義】 很 何懇反

신주   흔很은 말과 행동이 매우 거칠고 비꼬여 있음을 일컫는다.

② 無鹽무염

색은   상고해보니 〈지리지〉에는 동평군東平郡의 현이며 지금은 운주
鄆州 동쪽에 있다.
【索隱】 按 地理志東平郡之縣 在今鄆州之東也

③ 高會고회

集解 응소는 "높은 작위를 다 불렀다. 그래서 큰 잔치[高會]라고 했다."고 했다.

【集解】 韋昭曰 皆召尊爵 故云高

색은 위소는 "높은 작위를 다 불렀다. 그래서 고회高會라고 한다."라고 했다. 복건은 "큰 모임이 이것이다."라고 했다.

【索隱】 韋昭曰 皆召高爵者 故曰高會 服虔云 大會是也

④ 芋菽우숙

集解 서광은 "우芋는 다른 판본에는 '반半'으로 되어 있다. 반半은 다섯 되짜리 그릇이다."라고 했다. 배인이 상고하기를, 신찬은 "사졸들은 채소를 먹는데 콩이 반이나 섞였다."라고 했다.

【集解】 徐廣曰 芋 一作半 半 五升器也 駰案 瓚曰 士卒食蔬菜 以菽雜半之

색은 우芋는 준치蹲鴟(토란)이다. 숙菽은 콩이다. 그래서 신찬이 말하기를 "사졸들은 채소를 먹는데 콩이 반이나 섞였다."라고 했다. 즉 토란과 콩의 뜻이 또한 통한다. 《한서》에는 '반숙半菽'으로 되어 있다. 서광은 "우芋는 다른 판본에는 반半으로 되어 있다. 반半은 다섯 되이다."라고 말했다. 왕소는 "반半은 양量을 재는 그릇 이름인데 반 되가 들어간다."고 했다.

【索隱】 芋 蹲鴟也 菽 豆也 故臣瓚曰 士卒食蔬菜 以菽半雜之 則芋菽義亦
通 漢書作 半菽 徐廣曰 芋 一作半 半 五升也 王劭曰 半 量器名 容半升也

⑤ 軍無見糧군무현량

정의   見은 '현[胡練反]'으로 발음한다. 안감顔監은 "식량이 있는 것을
볼 수 없었다."라고 했다.
【正義】 胡練反 顔監云 無見在之糧

⑥ 承其敝승기폐

신주   진과 조나라가 싸워 그들이 지쳤을 때 조나라를 위하여 진나
라와 싸우겠다고 말한 것이다.

⑦ 新造之趙신조지조

신주   조헐趙歇 등이 새로 조나라를 건국하였는데, 이때가 건국한 지
9개월이 되었을 때이다.

⑧ 且國兵新破차국병신파

신주   향량이 진나라 장함章邯과 정도定陶 싸움에서 패하고 죽은 것
을 말한 것이다.

⑨ 徇其私순기사

[색은] 사私는 그의 자식을 보내 제나라를 돕게 하는 것이다. 이는 그가 사사로운 정을 좇는 것을 이른 것이다. 최호崔浩는 "순徇은 영營이다."라고 했다.

【索隱】 私 謂使其子相齊 是徇其私情 崔浩云 徇 營也

항우는 이른 아침에 상장군 송의를 찾아가 그의 장막 안에서 송의의 머리를 베고 군중軍中에 명령을 내려 말했다.

"송의는 제나라와 초나라를 배반하려고 모의했으므로 초왕께서 몰래 항우에게 명을 내려 죽이라고 하셨다."

이 당시 여러 장수들은 모두 두려워 복종할 뿐 감히 버티며 맞서지 못했다.[①] 모두가 말했다.

"처음부터 초나라를 세운 것은 장군 집안입니다. 지금 장군께서 난신亂臣을 처단하신 것입니다."

이에 서로 함께 항우를 임시 상장군으로 세웠다.[②] 사람을 보내 송의의 아들을 쫓아서 제나라에 이르러 죽였다. 환초桓楚를 시켜 초 회왕에게 보명報命하게[③] 했다. 회왕이 항우를 상장군으로[④] 삼고 당양군當陽君과[⑤] 포장군蒲將軍을[⑥] 모두 항우에게 소속시켰다.

項羽晨朝上將軍宋義 即其帳中斬宋義頭 出令軍中曰 宋義與齊謀反楚 楚王陰令羽誅之 當是時 諸將皆慴服 莫敢枝梧[①] 皆曰 首立楚者 將軍家也 今將軍誅亂 乃相與共立羽爲假上將軍[②] 使人追宋義子及之齊 殺之 使桓楚報命[③]於懷王 懷王因使項羽爲上將軍[④] 當陽君[⑤] 蒲將軍[⑥]皆屬項羽

① 枝梧지오

집해 여순은 "지오枝梧는 버텨서 막는 것枝捍과 같다."라고 했다. 신찬은 "작은 기둥이 지枝가 되고 기울어진 기둥이 오梧가 되는데 지붕의 오사주梧邪柱가 이것이다."라고 했다.

【集解】 如淳曰 梧音悟 枝梧猶枝捍也 瓚曰 小柱爲枝 邪柱爲梧 今屋梧邪柱是也

정의 枝는 발음이 '지[之移反]'이고, 梧는 발음이 '오悟'이다.

【正義】 枝音之移反 梧音悟

② 假上將軍가상장군

정의 회왕懷王의 명령을 받지 못했다. 가假는 섭攝(대신 다스리다)이다.

【正義】 未得懷王命也 假 攝也

③ 報命보명

신주 명령을 받아 일을 처리한 뒤에 그 결과를 보고하게 하는 것이다.

④ 上將軍상장군

집해 서광은 "2세황제 3년(서기전 207) 11월이다."라고 했다.

【集解】 徐廣曰 二世三年十一月

⑤ 當陽君당양군

신주 당양군(?~서기전 195년)은 영포英布를 가리키는데, 경포黥布라고
도 한다. 육현六縣, 지금의 안휘성 육안현사람이다. 진말한초秦末漢初의 명
장名將으로, 항우가 그를 구강왕九江王으로 봉했다. 한나라가 건국되자
회남왕淮南王에 봉해졌다가 서기전 196년에 병사를 일으켰으나 유방에
게 패배를 당했다. 이에 피했지만 처삼촌 오신吳臣이 향민들에게 찔러
죽일 것을 명령해 살해되었다.

⑥ 蒲將軍포장군

신주 성은 포蒲이고 이름은 알려지지 않는다. 진승陳勝이 봉기를 일
으켰을 때, 강회江淮에서 민중을 모아 병사를 일으켜서 이에 호응했다.
후에 병사를 거느리고 항량에게 귀순했다. 항량이 죽은 후 송의, 항우,
범증을 따라 조나라를 구원하러 가서 항우가 송의를 찔러 죽이자 군중
軍中에 항우를 추천하여 임시 상장군이 되게 했다.《초한지楚漢誌》에는
항우가 한신의 전차대에게 위험에 몰릴 때 그를 구하러 범증이 파견한
장수로도 나온다.

항우가 경자관군을 죽이자 그 위엄이 초나라를 진동시켰고 그 명성이 제후들에게 알려졌다. 이에 당양군當陽君과 포장군을 보내서 군사 2만 명을 인솔하고 하수河水를 건너[1] 조나라의 거록을 구원하게 했다.[2] 파견군이 전투에서 조금 유리했지만 진여가 다시 군사를 요청했다. 항우는 이에 모든 군사들을 인솔하고 하수를 건너고 나서 모든 배를 강에 가라앉히고 솥과 시루를 부수고 막사를 불태우고 사흘 치 식량만을 지니게 하고는 사졸들에게 반드시 죽어서 한 사람도 살아 돌아올 수 없다는 마음을 갖게 했다.[3] 이에 거록에 이르러 왕리의 군사를 포위하고 진나라 군사들에 맞서 아홉 차례 싸워서 그 용도를 끊고 크게 쳐부수고 소각蘇角을[4] 죽였으며 왕리를 포로로 잡았다. 섭간涉閒은 초나라에 항복하지 않고 스스로 불살라 죽었다.

項羽已殺卿子冠軍 威震楚國 名聞諸侯 乃遣當陽君 蒲將軍將卒二萬 渡河[1] 救鉅鹿[2] 戰少利 陳餘復請兵 項羽乃悉引兵渡河 皆沈船 破釜甑 燒廬舍 持三日糧 以示士卒必死 無一還心[3] 於是至則圍王離 與秦軍遇 九戰 絕其甬道 大破之 殺蘇角[4] 虜王離 涉閒不降楚 自燒殺

① 渡河도하

정의 장수漳水이다.

【正義】 漳水

신주 《신역사기》는 이때의 하河는 황하라면서 장수라는 《사기정의》
가 맞지 않는다고 지적했다.

② 救鉅鹿구거록

신주 항우가 거록을 구원하게 함을 말한다. 명대의 학자 능약언凌約
言은 "(거록을 구원하는데, 항우의 위세에 눌려) 제후들이 감히 종병從兵할 수
없었다."고 했다.

③ 項羽乃悉引兵渡河~無一還心항우내실인병도하~무일환심

신주 배수진背水陣을 의미한다. "모든 배를 강에 가라앉히고 솥과
시루를 부수고 막사를 불태우고 사흘 치 식량만을 지녀서 사졸들에게
반드시 죽어서 한 사람도 살아 돌아올 마음이 없다는 뜻을 보여주었
다.[皆沈船 破釜甑 燒廬舍 持三日糧 以示士卒必死 無一還心]" 이 말에서 파부
침선破斧沈船이란 성어가 세상에 회자 되었다. 비장한 각오로 싸움에 임
하게 함을 말한다.

④ 蘇角소각

집해 문영은 "진秦나라 장수이다."라고 했다.
【集解】 文穎曰 秦將也

이때는 초나라의 군사가 제후들의 군사 중에서 으뜸이었다. 제후의 군사들 중 거록을 구원하러 내려온 자들이 10여 군영이었지만 감히 멋대로 군사들을 움직이지 못했다. 초나라에서 진나라를 공격할 때도 여러 장수들은 모두 진지를 지키며 위만 쳐다볼 뿐이었다.[①] 초나라 전사戰士들은 한 명이 열 명을 대적하지 못하는 자가 없었고 초나라 군사가 부르짖는 소리가 하늘까지 진동하니 제후의 군사들은 사람 사람마다 두려워하지 않는 자가 없었다.[②] 이때 진나라 군사들을 쳐부순 항우가 제후들의 장수들을 불러 보기 위해 원문轅門으로[③] 들어오게 하자 무릎걸음을 하고서 앞으로 오지 않는 자가 없었고 감히 우러러 쳐다보지도 못했다.[④] 항우가 이로써 비로소 제후들의 상장군이 되었고 제후들이 모두 항우에게 속하게 되었다.[⑤]

諸侯軍救鉅鹿下者十餘壁 莫敢縱兵 及楚擊秦 諸將皆從壁上觀[①] 楚戰士無不一以當十 楚兵呼聲動天 諸侯軍無不人人惴恐[②] 於是已破秦軍 項羽召見諸侯將 入轅門[③] 無不膝行而前 莫敢仰視[④] 項羽由是始爲諸侯上將軍 諸侯皆屬焉[⑤]

① 諸侯軍救鉅鹿下者十餘壁~諸將皆從壁上觀제후군구거록하자십여벽~제장개종벽상관

신주 일본의 농천瀧川은 중정中井의 말을 인용하여 "하下자는 의연

疑衍하다.《한서漢書》에는 '무無'로 되어 있다."고 했다. 벽壁은 '영루營
壘'이다.

이때의 상황을 살펴보면 각국各國 10여 진영의 원정군들은 진나라
의 기세에 눌려 출전하려고 하지 않았다. 항우와 진군이 교전하는 중에
도 각자 진영에 앉아 구경만 하며 항우군대 활약에 군영 안에서 원정군
들은 놀라기 만 할 뿐이었다. 이 일로 생겨난 성어가 '작벽상관作壁上觀'
이다. 그래서 '수수방관만하고 도와주지 않는다.'는 의미로 쓰인다.

② 慴恐췌공

[집해] 《한서음의漢書音義》에 "慴는 '저[章瑞反]'로 발음한다."고 했다.
【集解】 漢書音義曰 慴音章瑞反

③ 轅門원문

[집해] 장안은 "군대가 행군할 때 수레로써 진陳을 삼고 수레의 끝채
轅를 서로 향하게 해서 문을 만든다. 그래서 '원문轅門'이라고 한다."라
고 했다.
【集解】 張晏曰 軍行以車爲陳 轅相向爲門 故曰轅門

④ 無不膝行而前莫敢仰視무불슬행이전막감앙시

[신주] 남송南宋의 학자 유진옹劉辰翁은 "거록의 싸움을 펴는데, 이리

저리 날뛰며 떨쳐 움직이는 것은 지극한 항우의 본성이라."고 하였고, 명대明代의 학자 모곤茅坤은 "항우가 최고의 뜻을 얻은 싸움이고, 사마천은 최고의 뜻을 얻은 문장이다."라고 했다. 명대明代의 학자 능약언은 "세가 더욱 확장되어서 사람들이 더욱 두려워했다."고 하며, 또 아래 네 글자에서 '막감莫敢'은 "당시 항우의 용맹함을 상상해서 볼 수 있다."고 했다.

⑤ 諸侯皆屬焉제후개촉언

신주 양옥승은 "제후諸侯 자字의 아래 '장將' 자가 빠진 것으로 의심되며, 《한서漢書》에는 '兵皆屬焉'으로 되어 있다."고 했다.

장함이 항우에게 귀의하다

장함이 극원棘原에① 군사들을 주둔시키고 항우는 장수漳水② 남
쪽에 주둔시켰는데 서로 대치하고 싸우지 않았다. 진나라의 군대
가 자주 후퇴하자 2세 황제가 사람을 보내 장함을 꾸짖었다. 장
함이 두려워서 장사長史 사마흔을 시켜서 사정을 설명하려 했다.
사마흔이 함양에 이르러 사마문司馬門에서③ 3일간 머물렀으나
조고가 만나주지 않았고 불신하는 마음을 갖고 있었다. 장사 사
마흔이 두려워서 그의 군대가 있는 곳으로 달아나는데 감히 왔던
길로 가지 못했다. 조고가 생각한대로 사람을 시켜 추격했으나
사마흔을 따라잡지 못했다. 사마흔이 군영에 도착해 보고했다.
"조고가 궁 안의 정사를 맡고 있는데 그 아래에서는 일할 수 있
는 자가 없습니다. 지금 싸움에서 능히 이기면 조고는 반드시 우
리의 공을 질시할 것이고 싸움에서 이기지 못하면 죽음에서 면
하지 못할 것입니다. 원컨대 장군께서는 잘 헤아리십시오."
章邯軍棘原① 項羽軍漳② 南 相持未戰 秦軍數卻 二世使人讓章邯 章
邯恐 使長史欣請事 至咸陽 留司馬門③三日 趙高不見 有不信之心
長史欣恐 還走其軍 不敢出故道 趙高果使人追之 不及 欣至軍 報曰
趙高用事於中 下無可爲者 今戰能勝 高必疾妒吾功 戰不能勝 不免
於死 願將軍孰計之

① 棘原극원

집해 장안은 "장남漳南에 있다."라고 했다. 진작은 "지명地名인데 거록 남쪽에 있다."고 했다.
【集解】 張晏曰 在漳南 晉灼曰 地名 在鉅鹿南

신주 지금 하북성 평향平鄕 남쪽이다.

② 漳장

정의 《괄지지》에는 "탁장수濁漳水는 일명 장수漳水라고 하는데 지금의 속명은 유하柳河이며 형주邢州 평향현平鄕縣 남쪽에 있다."고 했다. 《주수경注水經》에는 "장수漳水는 일명 대장수大漳水라고 하는데 겸해서 침수浸水라고 지목한다."라고 했다.
【正義】 括地志云 濁漳水一名漳水 今俗名柳河 在邢州平鄕縣南 注水經云 漳水一名大漳水 兼有浸水之目也

신주 《신역사기》에 "장수漳水는 지금의 산서성 석양현 남쪽에서 발원하여 동남쪽으로 흘러 하북성 자현을 지나서 동북쪽으로 흐르다가 지금의 광종廣宗, 조강棗强, 경현景縣을 지나 황하로 들어간다."고 했다.

③ 司馬門사마문

집해 무릇 사마문司馬門이라고 말한 곳은 궁원宮垣 안 위병衛兵들이 있는 곳이며 사면에 모두 사마司馬가 있어서 무사武事를 주관한다. 총괄해서 말하면 외문外門에 사마문이 있다.

【集解】 凡言司馬門者 宮垣之內 兵衛所在 四面皆有司馬 主武事 總言之 外門爲司馬門也

색은 상고해보니 천자문天子門에 군사들의 무기를 걸어 두는 곳이 있는데 이를 사마문司馬門이라고 한다.

【索隱】 按 天子門有兵闌 曰司馬門也

진여도 장함에게 서신을 보내 말했다.

"백기白起는① 진秦나라의 장군이 되어 남쪽으로는 언鄢과 영郢을 정벌했고 북쪽으로는 마복馬服을② 땅에 묻었으며, 성을 공략하고 땅을 빼앗은 것이 이루 다 계산할 수가 없었으나 결국 죽음이 내려졌습니다. 몽염蒙恬도 진나라의 장군이 되어 북쪽으로 융인戎人들을③ 축출하고 유중楡中④ 땅 수천 리를 개척했으나 마침내 양주陽周에서⑤ 참수되었습니다. 왜 이겠습니까? 공로는 많지만 진나라에서 땅을 다 봉封할 수가 없자 법을 구실로 죽인 것입니다. 지금 장군께서 진나라의 장군이 된 지 3년 동안 잃어버린 군사만 10여만 명인데 제후들이 함께 일어나는 것이 점점 많아지고 있습니다. 저 조고는 평소 아첨한 지 오래되었는데 지금 일이 급박해지자 또한 2세가 처벌할까 두려워하고 있습니다. 그래서 법으로 장군을 처단해서 자신에게 책임이 돌아오는 것을 막고, 다른 사람에게 장군을 대신하게 하여 그 재앙에서 벗어나려고 하는 것입니다. 대저 장군께서는 밖에 거주한 지가 오래 되어서 조정과 틈이 많기 때문에 공로가 있어도 죽을 것이고 공로가 없어도 죽을 것입니다. 또한 하늘이 진나라를 망하게 하려 한다는 것은 어리석은 자나 지혜로운 자나 모두 알고 있습니다. 지금 장군께서 안으로는 직간할 수 없고 밖으로는 망국의 장수가 되어 외롭게 홀로 서서 오래 버티고자 하시니 어찌 슬프지 않겠습니까? 장군께서는 어찌 군사를 돌려 제후들과 합종할 것을⑥ 약속하고 모두 진나라를 공격해서 진나라의 땅을 나누고 남면南面을 해서 고孤(제후의 자칭)라고 칭하려고 하지 않습니까? 이렇게 하는 것과 자신의 몸은 부질鈇質에⑦ 엎드리게 되고 처자가 살육당하는 것 중 어느 것이 낫습니까?"

陳餘亦遺章邯書曰 白起①爲秦將 南征鄢郢 北阬馬服② 攻城略地 不可勝計 而竟賜死 蒙恬爲秦將 北逐戎人③ 開楡中④地數千里 竟斬陽周⑤ 何者 功多 秦不能盡封 因以法誅之 今將軍爲秦將三歲矣 所亡失以十萬數 而諸侯並起滋益多 彼趙高素諛日久 今事急 亦恐二世誅之 故欲以法誅將軍以塞責 使人更代將軍以脫其禍 夫將軍居外久 多內郤 有功亦誅 無功亦誅 且天之亡秦 無愚智皆知之 今將軍內不能直諫 外爲亡國將 孤特獨立而欲常存 豈不哀哉 將軍何不還兵與諸侯爲從⑥ 約 共攻秦 分王其地 南面稱孤 此孰與身伏鈇質⑦ 妻子爲僇乎

① 白起백기

신주 백기(?~서기전 257년)는 전국 시대의 명장이며 병법가이다. 진秦나라 소왕昭王을 섬기며 전공을 세워 무안군武安君으로 봉해졌으나, 범저范雎와 불화로 소왕의 신의를 잃고 자살했다.

② 馬服마복

색은 위소는 "조사趙奢의 아들 괄括인데 대신 마복馬服이라고 호칭했다."라고 했다. 최호崔浩는 "마복馬服은 조趙나라의 관직 이름인데 무사武事에 복무한다고 말했다."라고 했다.

【索隱】 韋昭云 趙奢子括也 代號馬服 崔浩云 馬服 趙官名 言服武事

③ 戎人융인

신주 흉노족이다.

④ 楡中유중

색은 복건은 "금성현金城縣에서 다스리는 곳이다."라고 했다. 소림은 "상군上郡에 있다."고 했다. 최호는 "몽염蒙恬이 느릅나무를 심어서 요새로 만들었다."고 했다.
【索隱】 服虔云 金城縣所治 蘇林曰 在上郡 崔浩云 蒙恬樹楡爲塞也

⑤ 陽周양주

집해 맹강은 "양주陽周는 상군上郡에 소속되었다."고 했다.
【集解】 孟康曰 縣屬上郡

정의 《괄지지》에는 '영주寧州 나천현羅川縣은 영주 동남쪽 70리에 있는데 한漢나라 양주현陽周縣이다.'라고 했다.
【正義】 括地志云 寧州羅川縣在州東南七十里 漢陽周縣

⑥ 與諸侯爲從여제후위종

색은 여기에서 제후는 관동關東의 제후이다. 어떻게 그러한 것을 알겠는가? 문영文穎이 말하기를 "관동關東은 종從(세로)이 되고 관서關西는 횡橫(가로)이 된다."라고 했다. 고유高誘는 말하기를 "관동은 지형이 세로[從]로 길어서 소진蘇秦이 6국六國을 도운 것을 합종合從이라고 불렀다. 관서는 지형이 가로[橫]로 길어서 장의張儀가 진秦나라를 도와서 관동의 합종을 무너뜨리고 진秦나라와 합하게 한 것을 연횡連橫이라고 불렀다."고 했다.

【索隱】 此諸侯謂關東諸侯也 何以知然 文穎曰 關東爲從 關西爲橫 高誘曰 關東地形從長 蘇秦相六國 號爲合從 關西地形橫長 張儀相秦 壞關東從 使與秦合 號曰連橫

⑦ 鈇質부질

색은 《공양전公羊傳》에는 "부질鈇質을 가하는 것이다."라고 했다. 하휴何休는 "목을 베는 죄이다."라고 했다. 최호崔浩는 "질質은 사람을 벨 때의 모탕[椹]이다."라고 했다. 또 《곽주삼창郭注三蒼》에는 "질質은 좌침莝椹이다."라고 했다.

【索隱】 公羊傳云 加之鈇質 何休云 要斬之罪 崔浩云 質 斬人椹也 又郭注三蒼云 質 莝椹也

장함이 주저하면서도 몰래 군후軍候인 시성始成을① 시켜 항우에
게 가서 약속하게 했다. 약속이 이루어지기 전에 항우는 포장군
에게 낮밤으로 군사를 이끌고 삼호三戶를② 건너 장수漳水 남쪽
에 주둔시켰다가 진나라와 싸워 다시 쳐부수었다. 항우는 모든
군사들을 인솔하고 진나라 군사를 우수汙水 가에서③ 크게 쳐부
수었다.

章邯狐疑 陰使候始成①使項羽 欲約 約未成 項羽使蒲將軍日夜引兵
度三戶② 軍漳南 與秦戰 再破之 項羽悉引兵擊秦軍汙水③上 大破之

① 候始成후시성

집해   장안은 "후候는 군후軍候(적을 살피는 직책)이다."라고 했다.
【集解】 張晏曰 候 軍候

색은   후候는 군후軍候로서 관직 이름이고, 시성始成은 그의 이름이다.
【索隱】 候 軍候 官名 始成 其名

② 三戶삼호

집해   복건은 "장수진漳水津이다."라고 했다. 장안은 "삼호는 지명地
名이고 양기梁淇 서남쪽에 있다."라고 했다. 맹강은 "진津은 골짜기의 이

름이다. 업鄴의 서쪽 30리에 있다."고 했다.

【集解】 服虔曰 漳水津也 張晏曰 三戶 地名 在梁淇西南 孟康曰 津峽名也 在鄴西三十里

색은 《수경주水經注》에는 "장수漳水는 동쪽으로 삼호협三戶峽을 지나면 삼호진三戶津이 된다."고 했다. 기淇는 잠湛이 되어야 마땅하다. 상고해보니 《진팔왕고사晉八王故事》에는 "왕준王浚이 업鄴을 정벌하는데 앞서 양잠梁湛에 이르렀다."라고 했다. 대개 양잠은 업鄴의 서쪽 40리에 있다. 맹강은 "업鄴의 서쪽 30리에 있다."고 했다. 또 감인闞駰의 《십삼주지十三州志》에는 "업鄴의 북쪽 50리에 있는 양기梁期 옛 현이다."라고 했다. 글자가 같지 않은 것도 있다.

【索隱】 水經注云 漳水東經三戶峽 爲三戶津也 淇當爲湛 案 晉八王故事 云 王浚伐鄴 前至梁湛 蓋梁湛在鄴西四十里 孟康云 在鄴西三十里 又闞駰 十三州志云 鄴北五十里梁期故縣也 字有不同

③ 汙水우수

집해 서광은 "업鄴의 서쪽에 있다."고 했다.

【集解】 徐廣曰 在鄴西

색은 汙는 '우于'로 발음한다. 《군국지郡國志》에 업현鄴縣에 우성汙城이 있다고 했다. 역도원酈道元이 이르기를 "우수汙水는 무안산武安山 동남쪽에서 발원하여 우성汙城을 경과해서 북쪽으로 장수漳水로 들어간다.”라고 했다.

【索隱】 汙音于 郡國志鄴縣有汙城 酈元云 汙水出武安山東南 經汙城北
入漳

정의 《괄지지》에는 “우수汙水의 근원은 회주懷州 하내현河內縣 북쪽
태행산太行山에서 나온다.”라고 했다. 또 이르기를 “옛 우성邘城은 하내
현 서북쪽 27리에 있고 옛 우국邘國 땅이다.”라고 했다. 《좌전》에는 “우
邘, 진晉, 응應, 한韓 등에 무왕의 아들을 봉했다.”고 했다.

【正義】 括地志云 汙水源出懷州河內縣北大行山 又云 故邘城在河內縣西
北二十七里 古邘國地也 左傳云 邘 晉 應 韓 武之穆也

장함은 사람을 시켜 항우를 만나서 약조를 하고자 했다. 항우는 군리軍吏들을 불러 계책을 세워 말했다.

"군량미가 적어서 그의 약조를 들어주고자 한다."

군리들이 모두 말했다.

"좋은 계책이십니다."

항우는 이에 원수洹水 남쪽 은허殷虛 위에서 만나기로 약속했다.[①] 맹약을 하고 나서 장함은 항우를 만나서 눈물을 흘리며 조고에 대한 말을 했다. 항우는 이에 장함을 세워 옹왕雍王으로 삼고 초나라 군중軍中에 있게 했다. 장사長史[②] 사마흔을 상장군으로 삼아 진군秦軍의 선봉부대로 삼았다.[③]

章邯使人見項羽 欲約 項羽召軍吏謀曰 糧少 欲聽其約 軍吏皆曰 善 項羽乃與期洹水南殷虛上[①] 已盟 章邯見項羽而流涕 爲言趙高 項羽 乃立章邯爲雍王 置楚軍中 使長史[②]欣爲上將軍 將秦軍爲前行[③]

① 與期洹水南殷虛上여기환수남은허상

집해 서광은 "2세 황제 3년 7월이다."라고 했다. 배인이 상고해보니 응소는 "원수洹水는 탕음계湯陰界에 있다. 은허殷墟는 옛날 은나라의 도읍이다."라고 했다. 신찬은 "원수는 지금의 안양현 북쪽에 있으며 은나라 수도 조가朝歌와 거리는 150리이다. 그렇다면 이 은허는 조가朝歌가 아니다. 《급총고문汲冢古文》에는 '반경천우차盤庚遷于此(반경이 이곳으로 천도했다)'라고 했고 《급총汲冢》에는 '은허남거업삼십리殷墟南去鄴三十里(은허 남쪽 30리에 업이 있다)'라고 했다. 이것이 옛날의 은허인데 그렇다면 조가는 반경盤庚이 옮긴 곳은 아니다."라고 했다.

【集解】 徐廣曰 二世三年七月也 駰案 應劭曰 洹水在湯陰界 殷墟 故殷都也 瓚曰 洹水在今安陽縣北 去朝歌殷都一百五十里 然則此殷虛非朝歌也 汲冢古文曰 盤庚遷于此 汲冢曰 殷虛南去鄴三十里 是舊殷虛 然則朝歌非盤庚所遷者

색은 상고해보니 《이아》〈석례〉에 "원수는 급군汲郡 임려현臨慮縣에서 나와 동북쪽으로 장락長樂에 이르러 청수淸水로 들어간다."고 한 것이 이것이다. 《급총고문》에는 "반경이 엄奄으로부터 북몽北蒙으로 옮겨서 은허라고 했으며 남쪽 업주鄴州와의 거리는 30리이다."라고 했다. 이 은허 남쪽의 옛 지명을 북몽이라고 부른다.

【索隱】 按 釋例云 洹水出汲郡林慮縣 東北至長樂入淸水是也 汲冢古文云 盤庚自奄遷于北蒙 曰殷虛 南去鄴州三十里 是殷虛南舊地名號北蒙也

신주 조가朝歌는 현 하남성河南省 북부의 기현淇縣이다. 은나라 무을武乙, 제을帝乙, 제신帝辛이 은허 부근의 이곳 별궁을 조가라고 개칭했다. 주나라가 은나라를 멸망시킨 후 강숙康叔을 봉해 위衞나라를 만들었다. 한漢나라 때 조가현이었다가 원나라 때 기주淇州를 설치했고, 명나라가 다시 기현으로 바꾸었다. 은허는 현재 하남성河南省 안양현安陽縣 북부에 있는데, 《사기》에 은허가 기술되었지만 중국인들은 은허의 존재 자체를 의심해왔다. 또한 은허에서 대량 출토된 갑골문甲骨文이 한

자漢字의 원형이라는 사실도 20세기 초까지 모르고 있었다. 1899년 청나라 국자감國子監 좨주祭酒 왕의영王懿榮이 학질瘧疾에 걸리자 가인 家人이 용골龍骨을 약으로 구해왔는데 이것이 바로 갑골문이었다. 왕의 영과 그 제자 유악劉鶚의 연구에 의해 갑골문과 은허가 세상에 알려졌다. 사서史書에 무수히 등장하는 은허와 은나라 역사는 20세기 초까지 베일에 싸여 있어야 했다. 은나라가 기록에는 있으나 중국 역사에서 관심을 두지 않았던 것은 아마도 동이족 국가였기 때문일 것이다.

② 長史장사

신주 진시황제 때 이 군직이 설치되었다. 이사가 초나라에서 진나라로 왔을 때 주어진 직책이 장사였다. 이때 관직의 지위가 명확하지는 않다. 그러나 한나라 때는 승상, 태위, 대장군, 표기장군, 거기장군, 위장군, 사방장군, 대사도, 대사마, 대사공 등의 관직 아래에 속관을 두었는데, 속관 중에서 가장 높은 관직이었다. 이것으로 미루어 지위정도를 추정할 수 있다.

③ 前行전항

정의 行은 '항[胡郎反]'으로 발음한다.
【正義】 胡郎反

신주 선봉에 세웠다는 뜻이다.

신안新安에① 이르렀다. 제후군의 이졸吏卒(하위관료와 군졸)들이 지난날 진나라의 사역에 동원되어 일을 할 때, 진중秦中을 지나가는데, 진중의 이졸吏卒들이 아주 무례하게 대우했다. 그런데 진군秦軍이 제후에게 항복하자 제후의 이졸들이 승리를 틈타 진나라 군사들을 노예처럼 부리며 가볍게 모욕하고 진나라의 이졸들을 천대했다. 진나라 이졸들이 몰래 말했다.

"장함 장군 등이 우리를 속이고 제후에게 항복했는데 지금 관문으로 들어가 진나라를 무찌를 수 있다면 아주 좋겠지만 승리하지 못하면 제후는 우리들을 포로로 잡아 동쪽으로 갈 것이고 그러면 진나라는 반드시 우리의 부모와 처자식들을 모두 죽일 것이다."

제후가 몰래 그 계략을 듣고 항우에게 알렸다. 항우는 경포와 포장군을 불러 계책을 말했다.

"진나라의 이졸吏卒들은 수가 많지만 그들의 마음은 복종하지 않고 있어 관중에 이르러서도 명령을 듣지 않게 되면 일이 반드시 위태해질 것이니 쳐 죽이는 것만 못할 것이다. 장함과 장사長史 사마흔, 도위都尉② 동예董翳 등만 데리고 진나라에 들어갈 것이다."

이리하여 초나라 군대는 밤중에 항거하는 진나라 군졸들을 공격해 20만여 명을 신안성의 남쪽에 파묻어 버렸다.③

到新安^① 諸侯吏卒異時故繇使屯戌過秦中 秦中吏卒遇之多無狀 及

秦軍降諸侯 諸侯吏卒乘勝多奴虜使之 輕折辱秦吏卒 秦吏卒多竊

言曰 章將軍等詐吾屬降諸侯 今能入關破秦 大善 即不能 諸侯虜吾

屬而東 秦必盡誅吾父母妻子 諸侯微聞其計 以告項羽 項羽乃召黥

布 蒲將軍計曰 秦吏卒尚衆 其心不服 至關中不聽 事必危 不如擊殺

之 而獨與章邯 長史欣 都尉^②翳入秦 於是楚軍夜擊阬秦卒二十餘萬

人新安城南^③

① 新安신안

정의 《괄지지》에는 "신안新安 고성故城은 낙주洛州 민지현澠池縣 동

쪽 13리에 있는데 한漢나라의 신안현新安縣이다."라고 했다.

【正義】 括地志云 新安故城在洛州澠池縣東一十三里 漢新安縣城也 卽阬

秦卒處

② 都尉도위

신주 군대의 직책으로 대략 장군 아래의 직위다.

③ 於是楚軍夜擊阬秦卒二十餘萬人新安城南어시초군야격항진졸이십여만

인신안성남

서광은 "한漢나라 원년 11월이다."라고 했다.

【集解】 徐廣曰 漢元年十一月

신주 〈경포열전〉에 "항우가 군사를 이끌고 서쪽으로 진군하다가 신안에 이르러서 경포로 하여금 깊은 밤을 이용하여 장함이 데리고 항복한 진나라 군졸 20여만 명을 습격하게 하여 구덩이에 파묻어 죽었다."고 했고,《통감절요》〈한기〉에도 "항우가 이미 하북河北을 평정하고 여러 제후의 군대를 인솔하여 서쪽 관문으로 들어가려 했는데, 진나라의 항졸들이 원망하는 말이 많아 항우가 곧 밤에 습격해서 진졸 20여만을 신안성 남쪽에 파묻었다.[項羽既定河北, 率諸侯兵, 欲西入關, 秦降卒, 多怨言, 羽乃夜擊, 坑秦卒二十餘萬人新安城南]"고 하여 매장된 군대가 장함의 군졸이었음을 분명하게 기록하고 있다.

유방, 항백에게 도움을 청하다

군사를 진군시켜 진秦나라의 땅을 빼앗아① 평정하려고 했다. 함
곡관에② 이르렀는데, 군사들이 관문을 지키고 있어 들어가지 못
했다. 또 패공이 벌써 함양을 쳐부수었다는 소식을 듣고 항우는
크게 노해 당양군當陽君 등에게 관문을 공격케 했다. 항우가 드
디어 관문으로 들어가 희수戱水 서쪽에 이르렀다.③ 패공이 패상
霸上에④ 주둔해서 항우와는 서로 만나지 못했다. 패공의 좌사마
조무상曹武傷이⑤ 사람을 시켜 항우에게 말했다.

"패공이 관중의 왕이 되고 자영子嬰을 재상으로 삼아서 진귀한
보물들을 모두 차지하고자 합니다."⑥

항우가 크게 화를 내며 말했다.

"아침에 군사들을 잘 먹이고 패공의 군대를 격파하라!"

行略①定秦地 函谷關②有兵守關 不得入 又聞沛公已破咸陽 項羽大
怒 使當陽君等擊關 項羽遂入 至于戲西③ 沛公軍霸上④ 未得與項羽
相見 沛公左司馬曹無傷⑤使人言於項羽曰 沛公欲王關中 使子嬰爲
相 珍寶盡有之⑥ 項羽大怒 曰旦日饗士卒 爲擊破沛公軍

① 行略행략

막 침략하려 하다. '장將(장차~하려하다)'의 뜻이다. '략略'은 '노략질함'을 뜻한다.

② 函谷關함곡관

집해 문영은 "당시의 함곡관은 홍농현弘農縣 형산령衡山嶺에 있었는데 지금은 옮겨져 하남河南의 곡성현縠城縣에 있다."고 했다.
【集解】 文穎曰 時關在弘農縣衡山嶺 今移在河南縠城縣

색은 문영이 "홍농현 형산령에 있었는데 지금은 옮겨서 곡성에 있다."고 했다. 안사고는 "지금의 도림현桃林縣 남쪽 홍도간수洪滔澗水가 있는데 곧 옛날 함곡函谷이다."라고 했다. 상고해보니 산의 형세가 함函과 같다. 그래서 함관函關이라고 칭했다.
【索隱】 文穎曰 在弘農縣衡山嶺 今移在縠城 顏師古云 今桃林縣南有洪滔澗水 卽古之函關 按 山形如函 故稱函關

정의 《괄지지》에는 '함곡관은 섬주陝州 도림현桃林縣 서남쪽 12리의 진나라의 함곡관이다. 《도기圖紀》에는 서쪽으로 장안과의 거리는 400여 리이고 길은 계곡 사이에 있다. 그래서 이름 한다고 했다.'고 했다.
【正義】 括地志云 函谷關在陝州桃林縣西南十二里 秦函谷關也 圖記云西去長安四百餘里 路在谷中 故以爲名

③ 聞沛公已破咸陽~至于戲西문패공이파함양~지우희서

신주 〈진초지제월표秦楚之際月表〉에 의하면 유방이 진나라에 들어가 자영으로부터 항복을 받고 군사들과 패상으로 돌아왔을 때가 서기전 207년 10월이고, 항우가 희수 서쪽에 이르렀을 때가 서기전 207년 12월이었다.

④ 覇上패상

신주 지금 섬서성 서안 동남쪽인데, 당시에는 함양성 동남쪽이었다.

⑤ 左司馬曹無傷좌사마조무상

신주 좌사마는 군대의 법과 기율紀律을 주관하는 관리로 당시 좌·우사마 2인을 두었다. 조무상은 유방의 수하로서 진나라 설현으로 들어가 사수군을 격파할 때 도망친 장壯을 추격하여 잡아 죽인 일 등, 일화 몇 가지 외에 전해지는 것이 없어 생애가 불명하다.

⑥ 使子嬰爲相珍寶盡有之사자영위상진보진유지

신주 이처럼 전혀 사실이 아닌 것을 항우에게 이간질을 한 것은 유방에 대한 불만이 있었으며, 항우에게 패배당할 것을 확신하고 그 후를 대비한 것이라고 추정할 수 있다. 결국 항우가 조무상이 고자질했다는

사실을 유방에게 알려줌으로써 항백項伯의 도움으로 구사일생九死一生
하여 돌아온 유방에게 죽임을 당했다.

이 당시 항우의 군사는 40만 명으로써 신풍新豊의 홍문鴻門에[①]
있었고 패공의 군사는 10만 명으로써 패상에 있었다. 범증이 항
우를 설득해 말했다.

"패공이 산동에 있을 때 재물을 탐하고 미희美姬들을 좋아했습
니다. 지금 관중으로 들어왔는데 재물도 취하지 않고 부녀자들
도 총애하지 않으니, 이는 그의 뜻이 작은 것에 있지 않다는 것
입니다.[②] 제가 사람을 시켜 그의 기氣를 바라보게 했는데, 모두
용과 범의 기세로 오색이 빛나니 이는 천자의 기세입니다.[③] 급히
공격해서 때를 잃지 말아야 합니다."

當是時 項羽兵四十萬 在新豊鴻門[①] 沛公兵十萬 在霸上 范增說項
羽曰 沛公居山東時 貪於財貨 好美姬 今入關 財物無所取 婦女無所
幸 此其志不在小[②] 吾令人望其氣 皆爲龍虎 成五采 此天子氣也[③] 急
擊勿失

---

① 新豊鴻門신풍홍문

집해 맹강은 "신풍新豊의 동쪽 17리에 있으며 옛날 대도북하판구大
道北下阪口의 이름이다."라고 했다.

신주　신풍은 진나라 때 이읍酈邑이었으나 유방이 황제를 칭한 후 신풍으로 바꾸었다. 지금은 섬서성 임동臨潼현 동북쪽에 있다. 홍문은 이읍성 동쪽에 있었는데, 지금 이름은 정왕영頂王營이다.

② 沛公居山東時~此其志不在小패공거산동시~차기지부재소

신주　유방은 함양에 입성한 후 진나라의 보배와 미희들을 탐하고자 했으나 번쾌樊噲와 장량張良의 설득으로 일절 손을 대지 않았고, 군대를 패상에 주둔시켜 자영子嬰이 스스로 와 항복하게 했다. 이때 진노秦老들을 모아놓고 약법삼장約法三章을 공표公表했다. 또한 함양의 백성들에게 민폐를 끼치지 않도록 부졸部卒들을 단속했다.

③ 皆爲龍虎~此天子氣也개위용호~차천자기야

신주　《한서》엔 오채五釆를 '오색五色'이라 했다. 이 말에서 용호기龍虎氣라는 성어가 생겼다. 즉 왕기王氣가 있음을 이른다. 여기서는 황제의 풍모가 갖추어짐을 가리킨다.

초나라 좌윤左尹 항백은[1] 항우의 계부季父(막내 작은 아버지)이다. 평소 유후留侯 장량張良과 친했다. 장량은 이때 패공을 따르고 있었는데, 항백이 밤에 말을 달려 패공의 군대로 가서 사적으로 장량을 만나 자세하게 알리고, 장량에게 탄식하면서 함께 떠나자고 말했다.

"패공을 따라서 함께 죽지 마시오."

장량이 말했다.

"신은 한왕韓王을 위해서[2] 패공을 따르고 있는데 패공이 지금 일이 급하게 되었으니 버리고 도망치는 것은 불의이기에 패공에게 아뢰지 않을 수 없습니다."

이에 장량이 들어가 패공에게 자세하게 알렸다. 패공이 깜짝 놀라서 말했다.

"어찌해야 하겠습니까?"

장량이 말했다.

"누가 대왕을 위해 그런 계책을 냈습니까?"[3]

패공이 대답했다.

"추생鯫生이[4] 나를 설득해 말하기를 '관문關門을 막고 제후들을 안으로 들이지 않으면 진나라 땅에서 왕을 할 수 있을 것이다.'라고 하기에 그의 말대로 따랐소."

장량이 말했다.

"대왕의 사졸들을 헤아려보면 항왕을 대적하기에 충분합니까?"

패공이 묵연默然하다가 말했다.

"진실로 같지 못하오. 장차 어찌하면 되겠소?"

楚左尹項伯^①者 項羽季父也 素善留侯張良 張良是時從沛公 項伯乃
夜馳之沛公軍 私見張良 具告以事 欲呼張良與俱去 曰 毋從俱死也
張良曰 臣爲韓王^②送沛公 沛公今事有急 亡去不義 不可不語 良乃
入 具告沛公 沛公大驚 曰 爲之柰何 張良曰 誰爲大王爲此計者^③ 曰
鯫生^④說我曰 距關 毋內諸侯 秦地可盡王也 故聽之 良曰 料大王士
卒足以當項王乎 沛公默然 曰 固不如也 且爲之柰何

① 項伯항백

色은 항백의 이름은 전纏이고 자字는 백伯이며 뒤에 사양후射陽侯에
봉해졌다.

【索隱】 名纏 字伯 後封射陽侯

신주 좌윤은 직위가 좌상左相과 같다. 초나라는 승상을 일컬어 영
윤令尹이라 했다.

② 臣爲韓王신위한왕

신주 장량張良(?~서기전 189년)이 한왕韓王을 생각하는 것은 한韓나
라가 그의 조국이기 때문이다. 장량은 한나라의 다섯 왕을 모신 재상
집안에서 태어났다. 그의 할아버지 희개지姬開地는 소후, 선혜왕, 양애

왕 시절에, 아버지 장평張平은 희왕, 도혜왕 시절에 재상을 지냈다. 이런 까닭으로 한나라에 대한 사랑이 지극했고, 진나라가 고국을 멸망시킨 것에 대한 복수의 의지를 불태웠다. 진시황제 29년에 시황제가 하남성 원양현原陽縣 동남방의 박랑사博浪沙를 지날 때 창해역사倉海力士를 시켜 시황제를 제거하려는 사람이 장량이었다. 이때 120근의 철퇴를 던져 시황제의 수레가 부서졌으나 목적은 달성하지 못했다.

③ 誰爲大王爲此計者수위대왕위차계자

신주 청나라 양옥승은 "고제高帝는 이때 왕이 되지 못했다. 또한 앞뒤로 패공이라고 칭했는데, 어떻게 갑자기 장량이 세 번이나 대왕이라고 칭했나?"라고 했고, 〈유후세가留侯世家〉에는 "패공이라고 하는 것이 옳다."고 했다.

④ 鯫生추생

집해 서광은 "鯫는 '수[士垢反]'로 발음하는데 물고기 이름이다."라고 했다. 배인은 상고해보니 복건이 말하기를 "추鯫는 소인小人의 모습이다."라고 했다. 신찬은 《초한춘추》에 추鯫는 성姓이다."라고 했다.
【集解】 徐廣曰 鯫音士垢反 魚名 駰案 服虔曰 鯫音淺 鯫 小人貌也 瓚曰 楚漢春秋鯫 姓也

장량이 말했다.

"청컨대 항백에게 가서 패공은 감히 항왕項王을 배신하지 않겠다고 말하십시오."

패공이 말했다.

"그대는 항백과 어떤 연고가 있소?"

장량이 말했다.

"진秦나라 시대에 신과 함께 교유했는데, 항백이 사람을 죽였을 때 신이 살려 주었습니다. 지금 일이 급박하기에 다행히 찾아와서 이 장량에게 알려준 것입니다."

패공이 말했다.

"항백과 그대는 누가 더 나이가 많소?"

장량이 말했다.

"항백이 신보다 나이가 많습니다."

패공이 말했다.

"그대가 나를 위해 불러들인다면 나는 형으로 섬길 것이오."[①]

장량이 나가서 항백을 불러들였다. 항백이 곧바로 들어와 패공을 만났다. 패공이 술잔을 받들어 장수長壽를 축원하면서 혼인할 것을 약속하고[②] 말했다.

"나는 관關에 들어온 후 털끝만한 작은[③] 물건도 감히 가까이하지 않고 관리와 백성의 호적을 정리하며, 창고를 봉하고 장군을 기다렸습니다. 장군들을 보내서 관문을 지키게 한 것은 다른 도적들이 드나드는 것이나 비상사태를 대비한 것이었습니다. 낮이나 밤이나 장군께서 도착하시기만 바랐는데 어찌 감히 배반하겠습니까? 형[伯]께서는 신이 감히 덕을 배반하지 않았다는 것을 자세하게 말씀해 주시기 바랍니다."

항백이 허락했다. 이에 패공에게 일러 말했다.

"이른 아침에 일찍 오셔서 항왕에게 사죄하지 않으면 안 될 것입니다."

패공이 말했다.

"좋습니다."

이에 항백이 다시 밤에 가서 군중軍中에 이르러 구체적으로 패공이 한 말을 항왕에게 보고하고 이어서 말했다.

"패공이 먼저 관중을 쳐부수지 않았다면 공이 어찌 감히 들어올 수 있겠는가? 지금 그 사람은 큰 공로가 있는데 공격하는 것은 의롭지 못하네. 잘 대우해주는 것만 같지 못할 것이네."

항우가 허락했다.

張良曰 請往謂項伯 言沛公不敢背項王也 沛公曰 君安與項伯有故 張良曰 秦時與臣游 項伯殺人 臣活之 今事有急 故幸來告良 沛公曰 孰與君少長 良曰 長於臣 沛公曰 君爲我呼入 吾得兄事之① 張良出 要項伯 項伯卽入見沛公 沛公奉巵酒爲壽 約爲婚姻② 曰 吾入關 秋豪③不敢有所近 籍吏民 封府庫 而待將軍 所以遣將守關者 備他盜之出入與非常也 日夜望將軍至 豈敢反乎 願伯具言臣之不敢倍德也 項伯許諾 謂沛公曰 旦日不可不蚤自來謝項王 沛公曰 諾 於是項伯復夜去 至軍中 具以沛公言報項王 因言曰 沛公不先破關中 公豈敢入乎 今人有大功而擊之 不義也 不如因善遇之 項王許諾

① 沛公曰孰與君少長~吾得兄事之패공왈숙여군소장~오득형사지

신주　유방劉邦은 서기전 247년에 출생하여 서기전 195년에 사망했고, 항백項伯은 사망년도가 서기전 192년이나 출생년도가 미상이다. 따라서 항백의 나이를 정확히 알 수는 없으나 항백이 장량보다 형이라는 말을 듣고 형으로 모시겠다고 한 것에서 항백의 출생년도가 서기전 247년 이전임을 짐작할 수 있다.

② 約爲婚姻약위혼인

신주　유방이 항백의 딸을 며느리로 삼을 것을 약속한 것을 말한다. 후에 항백의 딸이 한 혜제漢惠帝의 비妃가 되었다는 설이 있긴 하나 명확하지 않다.

③ 秋豪추호

신주　가을에 짐승의 털이 매우 가늘어진다는 데에서 '가는 털끝만큼도', '매우 조금'을 비유적으로 이르는 말이다. '호豪'는 '호毫'이다.

패공이 항왕에게 사죄하다

패공이 아침 일찍 100여 명의 기병과 나아가서 항왕을 만나러 왔다. 홍문鴻門에^① 이르러 항왕에게 사과하면서 말했다.

"신이 장군과 함께 힘을 다해 진나라를 공격했는데, 장군께서는 하북河北에서 싸웠고 신臣은 하남河南에서 싸웠습니다.^② 그러나 제 뜻과는 다르게 먼저 관關으로 들어가 진秦나라를 쳐부수고^③ 이곳에서 다시 장군을 뵙게 되었습니다. 지금은 소인배들의 이간이 있어 장군과 신으로 하여금 틈이 벌어지고 있습니다."

항왕이 말했다.

"이것은 패공의 좌사마左司馬 조무상曹無傷의 말이오. 그렇지 않았다면 내가 어찌 이렇게 했겠소."^④

沛公旦日從百餘騎來見項王 至鴻門^① 謝曰 臣與將軍戮力而攻秦 將軍戰河北 臣戰河南^② 然不自意能先入關破秦^③ 得復見將軍於此 今者有小人之言 令將軍與臣有郤 項王曰 此沛公左司馬曹無傷言之 不然 籍何以至此^④

① 鴻門홍문

홍문은 지금의 섬서성陝西省 서안시西安市 임동구臨潼区 신풍진
新豊鎭 홍문보촌鴻門堡村이다. 항우가 함곡관을 돌파한 후 이곳에 진을
치고 있을 때, 패상에 진을 친 유방이 찾아와 사죄하자 잔치를 열었다.
항우의 왕사 범증은 이때 유방을 죽이려고 계획했는데, 유방은 항백項
伯의 도움으로 무사히 탈출할 수 있었다. 이 역사적인 사건을 홍문지연
鴻門之宴이라 일컫는데 겉과 속이 서로 다른 상황을 가리키거나 살벌한
정치적 담판을 뜻하는 말로 쓰인다.

② 臣與將軍戮力而攻秦~臣戰河南신여장군륙력이공진~신전하남

유방은 진나라를 정벌할 때 황하의 남쪽 팽성, 안양, 개봉, 영
양, 낙양, 남양, 무관武關을 거쳐 패상으로 진격했고, 항우는 안양에서
황하의 북쪽인 거록과 은허를 경유하고, 함곡관을 지나 홍문에 진을
쳤음을 이르는 것이다.

③ 不自意能先入關破秦부자의능선입관파진

유방의 겸손하고 지위를 낮추는 모습이다. 자신이 처해 있는
상황을 극복하려는 계략이 나타나 있다.

④ 此沛公~籍何以至此차패공~적하이지차

이 말에서 항우가 계략이 부족하며 성격의 단순함을 느끼게 한다.

항왕이 곧 그날로 패공을 머무르게 하고 함께 술을 마셨다. 항왕과 항백은 동쪽을 향해 앉았고 아보亞父는 남쪽을 향해 앉았다. 아보는 범증范增이다.[①] 패공은 북쪽을 향해 앉았고 장량은 서쪽을 향해 앉았다.[②] 범증이 자주 항왕에게 눈짓을 하며 차고 있는 옥결玉玦을 풀어서 세 번이나 보였는데도[③] 항왕이 묵연히 응대하지 않았다. 범증이 일어나 나가서 항장項莊을 불러서 일러 말했다.

"군왕께서는 사람됨이 차마 하지 못하시니 들어가서 앞으로 나아가 축수祝壽를 하고 축수가 끝나면 검무劍舞를 추겠다고 청하라. 그래서 패공을 앉은 자리에서 공격해 죽여라. 죽이지 못하면 그대의 족속들은 모두 패공의 포로가 될 것이다."

項王即日因留沛公與飮 項王 項伯東嚮坐 亞父南嚮坐 亞父者 范增也[①] 沛公北嚮坐 張良西嚮侍[②] 范增數目項王 舉所佩玉珪以示之者三[③] 項王默然不應 范增起 出召項莊 謂曰 君王爲人不忍 若入前爲壽 壽畢 請以劍舞 因擊沛公於坐 殺之 不者 若屬皆且爲所虜

① 亞父者范增아보자범증

여순如淳은 "아亞는 '차次(다음)'이다. 존경하는 아버지 다음이니 관중管仲을 중부仲父(둘째아버지)로 삼은 것과 같은 것이다."라고 했다.

【集解】 如淳曰 亞 次也 尊敬之次父 猶管仲爲仲父

② 項王項伯東向坐~張良西向侍항왕항백동향좌~장량서향시

신주 농천瀧川은 중정中井의 말을 인용하여 "동쪽으로 향하여 앉는 것은 당상堂上의 위치에서 당하자堂下者를 대하는 것이 되고, 남쪽으로 향하는 것은 귀한 자리로 당하자를 대하지 않게 된다. 오직 동쪽으로 향하는 것이 높은 자리가 된다."고 했다. 이에 의거하면 다음 자리가 남으로 향하는 것이고 그 다음이 북으로 향하는 것이다. 따라서 최하最下의 자리가 서西로 향하는 것이 된다.

③ 擧所佩玉珪以示之者三거소패옥규이시지자삼

신주 옥결玉玦은 둥글고 갈라진 틈새가 있는 패옥佩玉이다. 파직 혹은 유배를 뜻한다.《순자荀子》의 〈대략大略〉에 "임금이 신하에 대한 결별의 뜻으로 한쪽이 떨어진 패옥을 보내고, 불러들일 때는 고리가 완전히 이어진 옥환을 보낸다.[絶人以玦, 反絶以環]"고 했다. 곧 범증이 옥결을 풀어 세 번 보인 것은 유방을 처단할 때임을 나타낸 것이다.

④ 項莊항장

정의 항우項羽의 종제從弟이다.

【正義】 項羽從弟

항장項莊이 들어와서 축수를[1] 했다. 축수가 끝나자 말했다.

"군왕君王과 패공께서 함께해 술을 마시는데 군중軍中이라 음악으로 삼을 것이 없으니 청컨대 검무를 추겠습니다."

항왕이 말했다.

"그렇게 하라."

항장이 검을 뽑고 일어나 춤을 추자[2] 항백도 검을 뽑고 일어나 춤을 추면서 항상 몸으로 패공을 가리고 감싸니 항장이 공격할 틈을 얻지 못했다. 이에 장량이 군문軍門에 이르러 번쾌樊噲를[3] 보았다. 번쾌가 말했다.

"오늘의 일이 어떠합니까?"

장량이 대답했다.

"매우 급하다. 지금 항장이 칼을 뽑아 검무를 추는데 그의 뜻은 늘 패공에게 있소."

번쾌가 말했다.

"이것은 급박한 일입니다. 신이 청컨대 들어가서 운명을 함께하겠습니다."

번쾌는 즉시 검을 차고 방패를 들고 군문으로 들어갔다. 창을 서로 엇대어 잡고 있는 무사들이 막아서 들어가지 못하자 번쾌는 그 방패로 곁으로 밀쳐 버렸다. 위사衛士들이 땅에 넘어지자 번쾌는 드디어 들어가 장막을 젖히고 서쪽을 향해 서서 눈을 부릅뜨고[4] 항왕을 노려보았다. 이때 번쾌의 머리털은 위로 곤두서고 눈초리는 다 찢어져 있었다.[5]

莊則入爲壽^① 壽畢 曰君王與沛公飮 軍中無以爲樂 請以劍舞 項王
曰諾 項莊拔劍起舞^② 項伯亦拔劍起舞 常以身翼蔽沛公 莊不得擊
於是張良至軍門 見樊噲^③ 樊噲曰 今日之事何如 良曰 甚急 今者項
莊拔劍舞 其意常在沛公也 噲曰 此迫矣 臣請入 與之同命 噲卽帶劍
擁盾入軍門 交戟之衛士欲止不內 樊噲側其盾以撞 衛士仆地 噲遂
入 披帷西嚮立 瞋目視^④項王 頭髮上指 目皆盡裂^⑤

① 壽수

신주 안사고는 "무릇 축수祝壽를 위한 말로, 존자尊者에게 술잔을
올리며 만수무강萬壽無疆을 표현하는 것이다."라고 했다.

② 項莊拔劍起舞항장발검기무

신주 이 일로 인해 '항장검무項莊劍舞'라는 성어가 나왔다. 항우의
조카인 항장이 검무를 추면서 유방을 죽이라는 항우의 명령을 기다렸
다는 뜻으로 겉으로는 우호적이면서 내심 악의를 품고 있음을 말한다.

③ 樊噲번쾌

신주 번쾌(서기전 242년~서기전 189년)는 패현沛縣 사람으로 여후呂后
의 제부이며, 유방의 개국공신이다.

④ 瞋目視진목시

정의　瞋은 '친[昌真反]'으로 발음한다.

【正義】　瞋 昌真反

신주　《금석》에 "눈을 부릅뜨고 바라보는 것이다."라고 했다.

⑤ 目眥盡裂목제진렬

정의　眥는 '자[自賜反]'로 발음한다.

【正義】　眥 自賜反

신주　《금석》은 "눈초리가 모두 째지다. 곧 화가 나서 눈을 부릅뜬 상태다."라고 했다.

항왕이 검을 어루만지며 무릎을 세우고 앉아서^① 말했다.

"그대는 무엇을 하는 자인가?"

장량이 말했다.

"패공의 참승參乘^② 번쾌라는 자입니다."

항왕이 말했다.

"장사壯士로다. 한 잔 술을 내려라."

곧 한 말의 잔에 술을 주었다. 번쾌는 감사하다는 인사를 올리고 일어나 서서 단숨에 마셨다. 항왕이 말했다.

"돼지의 어깻죽지를 주어라."

곧 익히지 않은 돼지 어깻죽지 하나를 주었다. 번쾌는 그 방패를 땅에 엎어놓고 나서 돼지의 어깨 고기를 그 위에 올려놓고는 칼을 빼어 잘라서 씹어 먹었다.^③ 항왕이 말했다.

"장사로다. 다시 한 잔 마시겠느냐?"

번쾌가 말했다.

"신臣은 장차 죽음도 피하지 않는데 한 잔 술을 어찌 사양하겠습니까? 대저 진왕秦王은 호랑이나 이리 같은 마음을 갖고 있어서 살인을 온통 행할 수 없을 만큼 했고 형벌을 이루 다 주지 못할까 두려워하듯이 해서 천하가 모두 배반했습니다. 회왕懷王께서 여러 장수들과 약속하시기를, '먼저 진나라를 쳐부수고 함양에 들어간 자를 왕으로 삼겠다.'^④고 말씀하셨습니다. 지금 패공께서 먼저 진나라를 쳐부수고 함양에 들어갔는데 털끝만큼의 재물도 감히 가까이하지 않고, 궁실을 닫아 봉하고 돌아와 패상에 주둔하면서 대왕께서 오시기만을 기다렸습니다. 그래서 장군을 보내서 관문을 지키면서 도적이 들락거리는 것이나 비상사태를 대비했습니다. 수고롭게 애써서 공적이 이와 같이 높은데 후侯에 봉하는 상賞은 있지 않고 소인들이 하는 말을 듣고 공이 있는 사람을 죽이려고 하십니까? 이는 망한 진나라를 잇는 것일 뿐이니 가만히 생각해봐도 대왕이 취할 바가 아닙니다."

項王按劍而跽^①曰 客何爲者 張良曰 沛公之參乘^②樊噲者也 項王曰 壯士 賜之卮酒 則與斗卮酒 噲拜謝 起 立而飮之 項王曰 賜之彘肩 則與一生彘肩 樊噲覆其盾於地 加彘肩上 拔劍切而啗之^③ 項王曰 壯士 能復飮乎 樊噲曰 臣死且不避 卮酒安足辭 夫秦王有虎狼之心 殺人如不能擧 刑人如恐不勝 天下皆叛之 懷王與諸將約曰 先破秦 入咸陽者王之^④ 今沛公先破秦入咸陽 豪毛不敢有所近 封閉宮室 還 軍霸上 以待大王來 故遣將守關者 備他盜出入與非常也 勞苦而功 高如此 未有封侯之賞 而聽細說 欲誅有功之人 此亡秦之續耳 竊爲 大王不取也

① 跽기

색은 기跽는 '기[其紀反]'로 발음하고 길게 무릎을 꿇는 것을 이른다.

【索隱】 其紀反 謂長跪

② 參乘참승

임금의 수레 오른쪽에 타는 장수이다. 즉 임금 가까운 곳에서 모시는 관리를 말한다.

③ 啗之담지

"啗은 '담[徒覽反]'으로 발음한다. 무릇 음식을 주어서 남이 먹게 하는 것은 '거성去聲'으로 발음하고 스스로 담아 먹는 것은 '상성上聲'으로 발음한다."고 했다.

【索隱】 啗 徒覽反 凡以食餧人則去聲 自食則上聲

④ 先破秦入咸陽者王之선파진입함양자왕지

서기전 208년 "진秦나라 도읍 함양에 먼저 입성하는 자를 관중關中의 왕王으로 삼겠다."는 '회왕지약懷王之約'을 발표했다.

항왕이 응답하지 않다가 앉으라고 했다. 번쾌는 장량을 따라 앉았다. 앉은 지 얼마 뒤 패공이 일어나 측간에 가면서 번쾌를 불러 나갔다.

項王未有以應 曰坐 樊噲從良坐 坐須臾 沛公起如廁 因招樊噲出

패공이 나가자 항왕이 도위都尉[①] 진평陳平을[②] 시켜 패공을 불러 오게 했다. 패공이 말했다.

"지금 나오면서 하직인사도 하지 않았는데 어찌해야 하겠는가?"

번쾌가 말했다.

"큰일을 할 때는 작은 언행은 돌아보지 않는 것이고, 큰 예절을 행할 때는 작은 꾸지람에 사죄하지 않는 것입니다. 지금 저 사람들은 막 칼과 도마가 되고, 우리는 어육魚肉이 된 것이나 마찬가지인데[③] 무슨 인사말을 하시렵니까?"

이에 마침내 떠나가면서 장량에게 머물러 사죄하도록 했다. 장량이 패공에게 물었다.

"대왕께서는 오실 때 무엇을 가지고 오셨습니까?"

패공이 말했다.

"내가 가지고 온 백벽白璧 한 쌍은 항왕에게 바치려 했고, 옥두玉斗 한 쌍은 아보亞父에게 주려고 했는데 때마침 그들이 노해서 감히 바치지 못했소. 공께서 나를 위해 바치시오."

장량이 대답했다.

"삼가 그렇게 하겠습니다."

沛公已出 項王使都尉[①]陳平[②]召沛公 沛公曰 今者出 未辭也 爲之柰何 樊噲曰 大行不顧細謹 大禮不辭小讓 如今人方爲刀俎 我爲魚肉[③] 何辭爲 於是遂去 乃令張良留謝 良問曰 大王來何操 曰 我持白璧一雙 欲獻項王 玉斗一雙 欲與亞父 會其怒 不敢獻 公爲我獻之 張良曰 謹諾

① 都尉도위

집해   서광은 "다른 판본에는 '도都' 자가 없다."고 했다.
【集解】 徐廣曰 一本無都字

② 陳平진평

신주   진평(?~서기전 178년)은 진류자陳留子라고도 한다, 한漢나라의
정치가로 원래는 서초패왕 항우의 책사였으나 후에 유방을 도와 한나
라를 건국하는 데 큰 공을 세웠다. 여씨의 난 때 주발과 함께 여씨呂氏
일족을 몰아내고 한문제漢文帝를 옹립하는데 큰 역할을 했다.

③ 人方爲刀俎我爲魚肉인방위도조아위어육

신주   나의 몸이 남에게 제재制裁를 당하는 것을 이른다.

이 당시 항왕의 군대는 홍문鴻門 아래에 있었고 패공의 군대는 패상霸上에 있어서 서로 거리가 40리나 되었다. 패공은 수레와 기마병들은 놓아두고 몸만 빠져나와서 혼자 말을 타고 번쾌, 하후영夏侯嬰, 근강靳彊, 기신紀信[1] 등 4명과 함께 검과 방패를 가지고 걸어서 여산酈山 아래를 따라서 지양芷陽의 샛길로 갔다. 패공은 장량에게 일러 말했다.

"이 길을 따라 우리 군영에 이르려면 20리에 지나지 않소이다. 내가 우리 군영에 이르렀다고 생각되거든 공께서는 들어가시오."

패공이 이미 떠나 군영에 이르렀을 즈음 장량이 들어가서 사죄해 말했다.

"패공께서는 술기운을 이기지 못해서 하직인사도 하지 못했습니다. 삼가 신 장량을 시켜 백벽白璧 한 쌍을 받들어 재배하고 대왕 족하足下께 바치게 하고, 옥두玉斗 한 쌍은 재배하고서 대장군 족하께 바치도록 했습니다."

항왕이 말했다.

"패공은 어디 계신가?"

장량이 대답했다.

"대왕의 뜻에 허물을 크게 질책하시려 한다는 소리를 듣고 몸만 빠져나가[2] 혼자 떠나셨는데 이미 군영에 도착하셨을 것입니다."[3]

當是時 項王軍在鴻門下 沛公軍在霸上 相去四十里 沛公則置車騎 脫身獨騎 與樊噲 夏侯嬰 靳彊 紀信[1]等四人持劍盾步走 從酈山下 道芷陽閒行 沛公謂張良曰 從此道至吾軍 不過二十里耳 度我至軍 中 公乃入 沛公已去 閒至軍中 張良入謝 曰 沛公不勝桮杓 不能辭 謹使臣良奉白璧一雙 再拜獻大王足下 玉斗一雙 再拜奉大將軍足 下 項王曰 沛公安在 良曰 聞大王有意督過之 脫[2]身獨去 已至軍矣[3]

① 紀信기신

색은 《한서》에는 '기통紀通'으로 되어 있다. 기성紀成의 아들이다.

【索隱】 漢書作紀通 通 紀成之子

신주 기신(?~서기전 204년)은 조나라 사람으로 일찍이 홍문연鴻門宴에 참여하였고, 유방을 따라 군사를 일으켜 진나라에 대항했다. 항우와 형양滎陽전투에서 유방을 탈출시킨 후 초군에 포로가 되었다. 항우가 그의 충성스런 마음을 보고 항복을 받을 뜻이 있었으나 기신이 거부함으로써 결국 항우에게 화형火刑 당했다. 기신은《한서》〈고제본기高帝本紀〉에는 기성紀成으로 썼다.

② 脫탈

신주 《한서》에서 안사고는 "탈脫은 '면免'의 뜻이고 '탈[他活反]'로 발음한다."고 했다.

③ 脫身獨去已至軍矣탈신독거이지군의

집해 여순은 "몸을 빠져 나와 도망쳐서 그의 군軍으로 돌아간 것이다."라고 했다.

【集解】 如淳曰 脫身逃還其軍

항왕이 벽옥을 받아서 앉은 자리 위에 놓았다. 아보는 옥두玉
斗를 받아서 땅에 내려놓고 검을 뽑아 내리쳐 부수면서 말했다.
"오호라!① 어린아이와는 일을 도모할 수 없구나. 항왕의 천하를
빼앗을 자는 반드시 패공일 것이다. 우리 족속은 지금부터 패공
의 포로가 될 것이다."
패공은 군영에 이르자 곧바로 조무상曹無傷을 처단했다.②

項王則受璧 置之坐上 亞父受玉斗 置之地 拔劍撞而破之 曰唉① 豎
子不足與謀 奪項王天下者 必沛公也 吾屬今爲之虜矣 沛公至軍 立
誅殺曹無傷②

① 唉애

집해　서광은 "애唉는 '애[烏來反]'로 발음한다."라고 했다.
【集解】 徐廣曰 唉 烏來反

색은　'히[虛其反]'로 발음한다. 모두 한탄해서 나오는 소리의 글이다.
【索隱】 音虛其反 皆歎恨發聲之辭

신주　'오호嗚呼'와 같은 감탄사이다.

② 立誅殺曹無傷입주살조무상

신주 항우에게 조무상이 사람을 시켜 패공에 대하여 모략謀略한 사실이 있었고, 이를 항우가 유방에게 알려줌으로써 주살당한 것이다.

며칠 후 항우는 군사를 이끌고 서쪽으로 가서 함양을 도륙했다. 그리고 진나라의 항복한 왕 자영子嬰을 살해하고 진秦나라 궁실을 불태웠는데 그 불길이 3개월 동안 꺼지지 않았다. 또 그곳의 재물과 부녀자들을 거두어 동쪽으로 갔다. 어떤 사람이① 항왕을 설득해서 말했다.

"관중關中은 산과 물로 막혀서 사방이 요새이면서도② 토지가 비옥하니 도읍하면 패왕이 될 것입니다."

항왕은 진나라의 궁실이 다 불타고 무너진 것을 보고 마음속에 동쪽으로 돌아가고픈 생각이 들어서 말했다.

"부귀해졌는데 고향으로 돌아가지 않는다면 비단옷을 입고 밤길을 걷는 것이나 마찬가지 일 것이니③ 누가 알아주겠는가?"

설득했던 자가 말했다.

"사람들이 말하기를 초나라 사람들은 원숭이가 관을 쓴 것 같을 뿐이라고 하더니 과연 그러하구나."④

항왕이 이 말을 듣고 설득했던 자를 삶아 죽였다.⑤

居數日 項羽引兵西屠咸陽 殺秦降王子嬰 燒秦宮室 火三月不滅 收其貨寶婦女而東 人或①說項王曰 關中阻山河四塞② 地肥饒 可都以霸 項王見秦宮皆以燒殘破 又心懷思欲東歸 曰 富貴不歸故鄉 如衣繡夜行③ 誰知之者 說者曰 人言楚人沐猴而冠耳 果然④ 項王聞之 烹說者⑤

① 人或인혹

혹자, 즉 어떤 사람, 《통감절요》〈한기〉 편에는 '한생韓生'으로
되어 있다.

② 四塞사새

집해 서광은 "동쪽은 함곡관函谷關, 남쪽은 무관武關, 서쪽은 산관
散關, 북쪽은 소관蕭關이다."라고 했다.

【集解】 徐廣曰 東函谷 南武關 西散關 北蕭關

신주 사관四關으로 둘러싸여 있으므로 관중關中이라고 했다. 《통감
절요》 주註에는 "동쪽은 황하黃河, 함곡函谷, 포진蒲津, 용문龍門, 합하
合河 등의 관關이 있고, 남쪽은 남산南山, 무관武關, 요관嶢關이 있으며,
서쪽은 대롱산大隴山과 롱산隴山, 대진大震, 조관鳥關 등 관關이 있고,
북쪽은 황하, 남새가 있어 이를 사새四塞라고 부른다."라고 했다.

③ 富貴不歸故鄕如衣繡夜行부귀불귀고향여의수야행

신주 금의야행錦衣夜行이란 말이 이 문장에서 비롯되었다. 캄캄한
밤에 비단옷을 입고 다녀봐야 알아주는 사람이 없다는 말로 남이 알
아주지 않는 행동은 보람 없다는 것을 말하는 것이다.

④ 楚人沐猴而冠耳果然초인목후이관이과연

집해 장안은 "목후沐猴는 미후獼猴(원숭이)이다."라고 했다.
【集解】 張晏曰 沐猴 獼猴也

색은 미후獼猴는 관冠을 쓰고 요대를 차는 것을 감당하지 못함을 말한 것인데 초나라 사람이 성질이 조급하고 사나운 것에 비유한 것이다. '과연果然'은 결과적으로 사람들의 말과 같음을 말한 것이다.
【索隱】 言獼猴不任久著冠帶 以喻楚人性躁暴 果然 言果如人言也

신주 목후이관沐猴而冠은 겉모습은 근사하지만 속은 그렇지 못할 때를 이른다.

⑤ 烹說者팽설자

집해 《초한춘추》와 양자揚子의 《법언法言》에는 설득한 자는 '채생蔡生'이라고 했는데, 《한서》에는 '한생韓生'이라고 했다.
【集解】 楚漢春秋 楊子法言云說者是蔡生 漢書云是韓生

제2장

서초패왕으로
부상하다

항우가 유방을 한중 땅에 봉하다

항왕이 사람을 시켜 회왕에게 명령을 전하게 했다. 회왕이 말했다.

"약속과 같이 하라."①

이에 회왕을 높여서 의제義帝로② 삼았다. 항왕은 스스로 왕이
되려고 먼저 여러 장수들과 재상들을 왕으로 삼고, 이에 일러
말했다.

"천하에 처음 난이 일어났을 때는③ 임시로 제후의 후예들을 세
워 진나라를 토벌했소. 그러나 몸에 갑옷을 입고 예리한 병기를
가지고 제일 먼저 거사해 들에서 노숙한 지 3년 만에 진나라를
멸망시키고 천하를 안정시켰는데, 이는 모두 장군들과 재상들과
여러 제후들이 나와 함께 한 힘이었소. 의제께서는 아무런④ 공이
없으시므로 그 땅을 나누어서 왕이 되게 하는 것이 마땅하오."

모든 장수들이 모두 말했다.

"좋습니다."

項王使人致命懷王 懷王曰 如約^① 乃尊懷王爲義帝^② 項王欲自王 先
王諸將相 謂曰 天下初發難時^③ 假立諸侯後以伐秦 然身被堅執銳首
事 暴露於野三年 滅秦定天下者 皆將相諸君與籍之力也 義帝雖^④無
功 故當分其地而王之 諸將皆曰 善

① 如約여약

신주　서기전 208년 "함양에 먼저 입성하는 자를 관중關中의 왕王
으로 삼겠다."는 회왕의 약속을 말한다.

② 義帝의제

신주　의제는 가제假帝이다. 즉 의부義父, 의자義子, 의형제義兄弟처럼
여기서 '의義'는 '가짜假'를 뜻한 것이다. 뒤에 오는 문구 "의제께서는
아무런 공이 없으시므로[義帝雖無功]"가 이를 뒷받침하고 있다.

③ 初發難時초발난시

집해　복건은 "군사가 처음 일어났을 때이다."라고 했다.
【集解】 服虔曰 兵初起時

정의 難은 '난[乃憚反]'으로 발음한다.

【正義】 難 乃憚反

④ 雖수

신주 '전혀 어떠한'의 뜻이다.

이에 천하를 나누어 여러 장수들을 제후와 왕으로 삼았다. 항왕과 범증은 패공이 천하를 가지려 한다고 의심하던 오해가 풀렸고,① 또 약속을 어기는 것이 꺼림칙하고,② 제후들이 모반할까 두려워서 몰래 모의해서 말했다.

"파巴와 촉蜀은 길이 험한데 진나라에서 사람들을 옮겨 모두 촉 땅에서 살게 하자."

또 파와 촉도 관중 땅이라고 말했다. 그래서 패공을 세워 한왕漢王으로③ 삼고 파, 촉, 한중漢中의④ 왕이 되게 하고 남정南鄭에⑤ 도읍하도록 했다. 이에 관중을 셋으로 나누어 진나라의 항복한 장수들을 왕으로 삼아 한왕을 막게 했다.

乃分天下 立諸將爲侯王 項王 范增疑沛公之有天下 業已講解① 又惡負約② 恐諸侯叛之 乃陰謀曰 巴 蜀道險 秦之遷人皆居蜀 乃曰 巴 蜀亦關中地也 故立沛公爲漢王③ 王巴 蜀 漢中④ 都南鄭⑤ 而三分關中 王秦降將以距塞漢王

① 業已講解업이강해

집해 소림은 "강講은 화和이다."라고 했다.
【集解】 蘇林曰 講 和也

색은 복건은 "해解는 꺾어서 엎드리게 하는 것이다."라고 했다.《설문說文》에는 "강講은 화해和解이다."라고 했다.《한서》에는 '구해媾解'로 되어 있다. 소림은 "구媾(화친하다)는 화和이다."라고 했다. 이 '강講'과 '구媾'는 모두 화和한다는 뜻訓이다. 업業은 일이다. 비록 의심은 있지만 일은 이미 화해했다고 말한 것이다.
【索隱】 服虔云 解 折伏也 說文云 講 和解也 漢書作媾解 蘇林云 媾 和也 是講之與 媾俱訓和也 業 事也 言雖有疑心 然事已和解也

② 惡負約오부약

신주 "함양에 먼저 입성하는 자를 관중關中의 왕王으로 삼겠다."는 회왕의 약속을 저버릴 수 없다는 의미이다.

③ 漢王한왕

집해 서광은 "정월正月에 왕위에 올랐다."고 했다.
【集解】 徐廣曰 以正月立

④ 巴蜀漢中파촉한중

신주 파와 촉 땅은 지금의 사천성泗川省 일대이고, 한중은 지금의 섬서성陝西省 진령秦嶺 이남 지역이다.

⑤ 南鄭남정

정의 《괄지지》에는 '남양주南梁州에서 다스리던 현縣이다'고 했다.
【正義】 正義括地志云 南梁州所理縣也

신주 지금의 한중시漢中市이다.

항왕은 이에 장함을 세워 옹왕雍王으로 삼아 함양의 서쪽에서 왕 노릇하게 하고 폐구廢丘를[1] 도읍으로 했다. 장사長史 사마흔은 예전에 역양櫟陽에서 옥연獄掾이 되었을 때[2] 일찍이 항량에게 덕을 베푼 적이 있었고, 도위都尉 동예董翳는 원래 장함이 초나라에 항복할 것을 권한 공이 있었다. 그래서 사마흔을 세워서 새왕塞王으로[3] 삼아 함양 동쪽에서 하수河水에 이르는 곳까지 왕 노릇하게 하고 역양을[4] 도읍으로 했다. 동예를 세워 적왕翟王으로 삼아 상군上郡에서 왕 노릇하게 하고 고노高奴를 도읍으로 했다.[5]

項王乃立章邯爲雍王 王咸陽以西 都廢丘[1] 長史欣者 故爲櫟陽獄掾[2] 嘗有德於項梁 都尉董翳者 本勸章邯降楚 故立司馬欣爲塞王[3] 王咸陽以東至河 都櫟陽[4] 立董翳爲翟王 王上郡 都高奴[5]

① 廢丘폐구

색은 맹강은 "현縣 이름이다. 지금의 괴리槐里가 이곳이다."라고 했다. 위소는 "주周나라 때 이름은 견구犬丘이고 주의왕周懿王이 도읍했는데 진秦나라에서 없애고자 했다. 그래서 폐구廢丘라고 한다."라고 했다.

【索隱】 孟康曰 縣名 今槐里是也 韋昭曰 周時名犬丘 懿王所都 秦欲廢之 故曰廢丘

정의 《괄지지》에는 "견구犬丘의 고성은 일명 폐구廢丘이다. 고성은 옹주雍州 시평현始平縣 동남쪽 10리에 있다."고 했다. 〈지리지〉에는 "한 고조漢高祖 2년에 물을 끌어 폐구에 물을 대자 장함章邯이 자살했다. 이에 폐구를 바꾸어 괴리槐里라고 했다."라고 했다.

【正義】 括地志云 犬丘故城一名廢丘 故城在雍州始平縣東南十里 地理志 云漢高二年 引水灌廢丘 章邯自殺 更廢丘曰槐里

신주 폐구는 현재 섬서성陝西省 흥평현興平縣 동남쪽이다.

② 長史欣者故爲櫟陽獄掾장사흔자고위력양옥연

신주 초나라가 멸망했을 때 항량은 진나라에 포로가 되어 역양櫟陽에 투옥되었다. 그때 기蘄 땅의 옥연獄掾 조구曹咎를 통해 역양의 옥리 사마흔司馬欣에게 서신을 보해 구명을 요청했고, 사마흔의 도움으로 석방될 수 있었다.

③ 塞王새왕

집해 위소韋昭는 "장안長安 동쪽에 있는데 이름이 도림새桃林塞이다."라고 했다.

【集解】 韋昭曰 在長安東 名桃林塞

④ 櫟陽역양

| 집해 | 소림은 "櫟은 '약藥'으로 발음한다."고 했다.

【集解】 蘇林曰 櫟音藥

| 정의 | 《괄지지》에는 "역양櫟陽의 고성은 일명 만년성萬年城이라고 하는데 옹주雍州 역양櫟陽 동북쪽 25리에 있다. 진헌공秦獻公이 역양櫟陽에 성을 쌓았다는 곳이 곧 이곳이다."라고 했다.

【正義】 括地志云 櫟陽故城一名萬年城 在雍州櫟陽東北二十五里 秦獻公之城櫟陽 卽此也

⑤ 上郡都高奴상군도고노

| 집해 | 문영은 "상군上郡은 진秦나라에서 설치했는데 항우項羽가 동예董翳를 적왕翟王을 삼고 이름을 적翟이라고 고쳤다."라고 했다.

【集解】 文穎曰 上郡 秦所置 項羽以董翳爲翟王 更名爲翟

| 색은 | 상고해보니 지금의 부주鄜州에 고노현高奴縣이 있다.

【索隱】 按 今鄜州有高奴城

| 정의 | 《괄지지》에는 "연주延州의 주성州城이 곧 한漢나라의 고노현高奴縣이다."라고 했다.

【正義】 括地志云 延州州城卽漢高奴縣

위왕 표魏王豹를^① 옮겨서 서위왕西魏王이라고 하여 하동의 왕으로 삼고 평양平陽을 도읍으로 했다. 하구瑕丘의^② 신양申陽은^③ 장이張耳가 총애하는 신하인데 먼저 하남을 함락시키고 초나라 군사를 하수의 위에서 맞이했다. 그래서 신양을 하남왕으로 세우고 낙양雒陽을^④ 도읍으로 했다. 한왕 성韓王成은 옛 도읍을 따라 양적陽翟을^⑤ 도읍으로 했다.

徙魏王豹^①爲西魏王 王河東 都平陽 瑕丘^②申陽^③者 張耳嬖臣也 先下河南(郡) 迎楚河上 故立申陽爲河南王 都雒陽^④ 韓王成因故都 都陽翟^⑤

① 魏王豹위왕표

신주 구舊 위魏나라 왕족 출신으로 진승의 봉기 전에는 행적이 불상不詳하다. 〈위표팽월열전〉에는 거록鉅鹿 전투 전후 위나라 땅의 20여 성을 수복했고 항우의 입관入關에 종군했다고 한 것과 〈진초지제월표〉에 기록되어 있는 것과는 시차가 있다. 〈진초지제월표〉에는 거록 전투 이전에 평양을 도읍으로 삼았고, 거록 전투에 원군을 보냈다고 되어 있기 때문이다. 항우와 함께 함곡관에 입성하여 진을 멸망시킨 공로로 서위왕西魏王에 봉해졌다. 그러나 후에 유방의 휘하 한신에게 안읍 전투에서 격파 당했다.

② 瑕丘하구

서광은 "일설에는 하구공瑕丘公이다."라고 했다.
【集解】 徐廣曰 一云瑕丘公也

③ 申陽신양

복건은 "하구현瑕丘縣은 산양山陽에 속해 있다. 신申은 성姓이
고 양陽은 이름이다."라고 했다. 문영은 "성姓은 하구瑕丘이고 자字는 신
양申陽이다."라고 했다. 신찬은 "하구공瑕丘公 신양이 이 사람이다. 하
구瑕丘는 현 이름이다."라고 했다.
【集解】 服虔曰 瑕丘縣屬山陽 申 姓 陽 名 文穎曰 姓瑕丘 字申陽 瓚曰 瑕
丘公申陽是 瑕丘 縣名

④ 雒陽낙양

《괄지지》에는 "낙양洛陽의 고성은 낙주洛州 낙양현 동북쪽 26
리에 있는데 주공周公이 축조한 것이 곧 성주성成周城이다."라고 했다.
《여지지輿地志》에는 "성주 땅은 진 장양왕秦莊襄王이 낙양현으로 삼아서
삼천三川 태수가 다스리게 했다. 후한後漢에서 낙양에 도읍하고 낙洛자
를 '낙雒' 자로 고쳤다. 한漢나라가 화덕火德이기 때문에 수水를 꺼려했
다. 그래서 '낙洛'의 방旁인 '수水자'를 제거하고 '추隹(새 추)자'를 더한 것
이다. 삼국시대 위魏나라는 오행五行의 위차位次로 토土를 삼았는데 토

는 수水를 꺼린다. 수가 토土를 얻으면 흘러가고 토가 수水를 얻으면 부드러워진다. 그래서 '추隹' 자를 제거하고 '수水' 자를 더했다."고 했다.

【正義】 括地志云 洛陽故城在洛州洛陽縣東北二十六里 周公所築 卽成周城也 輿地志云成周之地 秦莊襄王以爲洛陽縣 三川守理之 後漢都洛陽 改爲雒 漢以火德 忌水 故去洛旁水而加隹 魏於行次爲土 土 水之忌也 水得土而流 土得水而柔 故除隹而加水

신주 새 추隹자에는 높다는 뜻과 산의 모양(최)이라는 뜻도 있어서 수水자를 제거하고 추隹자를 넣은 것이다.

⑤ 陽翟양적

정의 《괄지지》에는 "양적陽翟은 낙주현洛州縣이다."라고 했다. 《좌전》에 정鄭나라 백작인 돌突이 역櫟으로 들어갔다고 했다. 두예가 이르기를 "역櫟은 정나라의 또 다른 도읍인데 지금의 하남河南 양적현陽翟縣이 이곳이다."라고 했다. 〈지리지〉에는 "양적현이 이곳이고 영천군潁川郡에 소속되었으며 하우夏禹의 나라다."라고 했다.

【正義】 括地志云 陽翟 洛州縣也 左傳云鄭伯突入于櫟 杜預云櫟 鄭別都 今河南陽翟縣是也 地理志云陽翟縣是 屬潁川郡 夏禹之國

조趙나라의 장수인 사마앙司馬卬은[1] 하내를 평정하는데 자주 공로를 세웠다. 그래서 사마앙을 세워 은왕殷王으로 삼고 조가朝家를 도읍으로 했다. 조왕趙王 헐歇을 옮겨 대代나라의 왕王으로 삼았다.[2] 조나라의 재상이 평소 현명했다. 또 종군해서 함곡관으로 들어갔다. 그래서 장이張耳를[3] 세워 상산왕常山王으로[4] 삼아서 조나라의 왕이 되게 하고 양국襄國을[5] 도읍으로 했다.

趙將司馬卬[1]定河內 數有功 故立卬爲殷王 王河內 都朝歌 徙趙王歇爲代王[2] 趙相張耳[3]素賢 又從入關 故立耳爲常山王[4] 王趙地 都襄國[5]

① 司馬卬사마앙

신주 사마앙(?~서기전 205년)은 조나라 장수 장이張耳의 부장으로 후에 장이와 더불어 항우가 이끄는 제후 연합군에 합류했다. 진과 싸운 공로로 하내河內의 땅을 봉지封地로 받고 은왕殷王이 되었다. 한왕 유방이 삼진三秦을 아우르자 서초패왕 항우에게 반기를 들었다. 그 후 서초군西楚軍 진평에게 져 항복했다가 다시 한왕漢王에게 사로잡혔다. 그리고 팽성 대전에서 죽었다.

② 爲代王위대왕

신주 대 땅의 왕으로 삼다. 代대는 전국시대 후기 조나라에 멸망한 후 공자 가嘉가 대군代郡으로 도망가 나라를 건국하였다가 진나라에 멸망당했던 곳이다. 원래 조나라는 조헐趙歇이 왕이었으나 항우가 이를 둘로 나누어 대代를 조헐에게, 상산常山을 장이에게 봉토封土했다. 대代는 지금의 하북성河北省 울현蔚縣이다.

③ 張耳장이

신주 장이(?~서기전 202년)는 진말秦末 대량大梁(지금의 개봉) 사람이다. 협객으로 어려서 부터 위나라 신릉군信陵君의 식객이었다가 신릉군 죽자 외황현外黃縣에 와서 부잣집 미녀와 결혼하고 명성을 얻어 현령이 되었다. 이 때 유방劉邦이 장이의 식객이 되어 수개월 살았다. 진나라가 위나라를 멸한 후 친구 진여陳餘와 성과 이름을 바꾸고 도망하여 진승에 의지했다. 이때 진승의 부하 무신武臣을 따랐고, 무신이 죽은 후 조나라 구 왕족 조헐趙歇을 왕으로 세웠다. 후에 항우와 함께 진중에 들어간 공로로 상산왕常山王에 올랐다.

④ 常山王상산왕

신주 항우가 스스로 서초패왕이 되어 관중關中으로 들어가 진압한 후 함께 입관入關한 장이에게 그 공을 치하하고 상산왕으로 삼았다. 상산은 조나라의 북부지역으로 지금의 하북성河北省 석가장石家莊과 형대邢臺 일대이다.

⑤ 襄國양국

정의 《괄지지》에 "형주邢州는 본래 한漢나라의 양국현襄國縣인데 진
秦나라에서 36군을 설치하면서 이곳에 신도현信都縣을 설치해서 거록
현鉅鹿縣에 속했는데 항우가 양국襄國이라고 고쳐서 장이를 세워 상산
왕常山王으로 삼고 신도信都를 다스리게 했다."고 했다. 〈지리지〉에는
"옛날 형후국邢侯國이다."라고 일렀다. 《제왕세기帝王世紀》에는 "형후邢
侯는 주紂의 삼공三公이 되어 충성으로 간하다 처벌을 당했다."고 했다.
《사기史記》에는 "주무왕周武王이 주공 단周公丹의 아들을 봉해 형후邢
侯로 삼았다."고 했다. 《좌전》에는 "범凡 장蔣 형邢 모茅는 주공周公의
후손이다."라고 했다.

【正義】 括地志云 邢州城本漢襄國縣 秦置三十六郡 於此置信都縣 屬鉅鹿
郡 項羽改曰襄國 立張耳爲常山王 理信都 地理志云故邢侯國也 帝王世紀
云 邢侯爲紂三公 以忠諫被誅 史記云周武王封周公旦之子爲邢侯 左傳云
凡 蔣 邢 茅 周公之胤也

당양군當陽君 경포黥布는 초나라 장군이 되어 항상 군대에서 으
뜸이었다. 그래서 경포를 세워 구강왕九江王으로 삼고 육六에①
도읍을 삼도록 했다. 파군鄱君의② 오예吳芮는③ 백월百越을 인솔
하고 제후들을 보좌했으며 또 종군해 함곡관으로 들어갔다. 그
래서 오예를 세워 형산왕衡山王으로 삼고 주邾에④ 도읍하게 했
다. 의제義帝의 주국柱國인 공오共敖는⑤ 군사를 거느리고 남군
을 공격해 공로가 많아서 공오를 세워 임강왕臨江王으로⑥ 삼고
강릉江陵에⑦ 도읍하게 했다.

當陽君黥布爲楚將 常冠軍 故立布爲九江王 都六① 鄱君②吳芮③率百
越佐諸侯 又從入關 故立芮爲衡山王 都邾④ 義帝柱國共敖⑤將兵擊
南郡 功多 因立敖爲臨江王⑥ 都江陵⑦

① 六육

색은 육현六縣은 옛 나라이고 고도皐陶의 후손들의 나라이다.
【索隱】 六縣 古國 皐陶之後

정의 〈괄지지〉에는 "옛 육성六城은 수주壽州 안풍현安豊縣 남쪽 132
리에 있었는데 본래 육국六國으로서 성姓은 언偃이고 고요의 후손을 봉
한 곳이다. 경포黥布 또한 고요의 후손으로서 육六에 살았다."고 했다.
【正義】 括地志云 故六城在壽州安豊縣南百三十二里 本六國 偃姓 皐繇之

後所封也 黥布亦皋繇之後 居六也

② 鄱君파군

정의 파군番君이다. 番는 '파婆'로 발음한다.
【正義】 番君 番音婆

③ 吳芮오예

집해 위소는 "鄱는 '파[蒲河反]'로 발음한다. 처음에 오예吳芮가 파양
현령이 되었다. 그래서 파군鄱君이라고 했다. 지금 파양현鄱陽縣이 이곳
이다."라고 했다.
【集解】 韋昭曰 鄱音蒲河反 初 吳芮爲鄱令 故號曰鄱君 今鄱陽縣是也

신주 오예吳芮(?~서기전 202년)는 번읍番邑(현재의 강서성江西省 파양현鄱
陽縣) 사람이다. 〈동월열전東越列傳〉에 따르면 진대秦代에 파양현령鄱陽
縣令으로 있으면서 민심을 얻어 파군鄱君으로 존중받았다. 진말秦末 백
월족百越族을 이끌고 북상北上하여 항량의 군대와 함께 진秦을 쳤다.
항우와 함께 진秦에 입관入關한 공으로 형산왕衡山王에 책봉되었다. 그
후 한나라에 귀속해서 유방을 도와 승리로 이끌어 고조 4년에 장사왕
長沙王에 봉해지고, 고조 5년에 황제의 명에 따라 군대를 이끌고 민閩을
평정하러 가다 도중에 병사하고 말았다. 시호는 문왕文王이다.

④ 邾주

집해 문영은 "邾는 '주朱'로 발음하는데 현縣 이름이고 강하江夏에 속했다."라고 했다.
【集解】 文穎曰 邾音朱 縣名 屬江夏

정의 《설문》에는 발음이 '주誅'라고 했다. 《괄지지》에는 "옛 주성邾 城은 황주黃州 황강현黃岡縣 동남쪽 20리에 있는데 본래 춘추시대春秋 時代 주국邾國이다. 주자邾子는 조성曹姓이고 협협俠에 살았다. 노은공魯隱 公에 이르러 기蘄로 이사했다."라고 했다. '기機'로 발음한다.
【正義】 說文云音誅 括地志云 故邾城在黃州黃岡縣東南二十里 本春秋時 邾國 邾子 曹姓 俠居 至魯隱公徙蘄 音機

⑤ 柱國共敖주국공오

신주 주국은 전국시대 초나라의 관직명으로 재상宰相의 반열이다. 공오共敖는 전국시대 초나라 귀족의 후예로서 회왕에 의해 주국柱國에 임명되었다.

⑥ 臨江王임강왕

집해 《한서음의漢書音義》에는 "본래 남군南郡인데 고쳐서 임강국臨 江國이 되었다."고 했다.

【集解】 漢書音義曰 本南郡 改爲臨江國

⑦ 江陵강릉

정의 강릉江陵은 형주현荊州縣이다. 《사기》에 "강릉은 옛날 영도郢都라."고 했다.

【正義】 江陵 荊州縣 史記江陵 故郢都也

연왕燕王 한광韓廣을 옮겨 요동왕遼東王으로① 삼았다. 연나라의 장군 장도臧荼는 초나라를 따라 조나라를 구원했고 또 따라서 관중으로 들어갔다. 그래서 장도를 세워 연왕으로 삼고 계薊에 도읍하게 했다.② 제왕齊王 전시田市를 옮겨 교동왕膠東王으로③ 삼았다. 제나라의 장군 전도田都는 함께 조나라를 구원하고 종군해 관중으로 들어갔다. 그래서 전도를 세워 제왕으로 삼고 임치臨淄에④ 도읍하게 했다.

徙燕王韓廣爲遼東王① 燕將臧荼從楚救趙 因從入關 故立荼爲燕王 都薊② 徙齊王田市爲膠東王③ 齊將田都從共救趙 因從入關 故立都 爲齊王 都臨菑④

---

① 遼東王요동왕

서광은 "무종無終에 도읍했다."라고 했다.
【集解】 徐廣曰 都無終

무종無終현은 현재 천진天津시 북부의 계薊현 또는 옥전玉田이
다. 수隋나라 때 어양군漁陽郡을 다스렸으며, 당나라 때 어양현으로 고
쳤다가 계주薊州로 고쳤다. 원나라 이후 어양이란 이름을 버리고 계주
로 삼았다. 현재는 어양진漁陽鎭이다. 진秦나라 때 요동이 현재의 하북
성 지역임을 말해주는 사례이다.

② 都薊도계

계 땅과 무종無終 땅은 서로 가까워서 함께 어양군을 구성하고
있었음을 뜻한다.

③ 膠東王교동왕

집해 서광은 "즉묵卽墨에 도읍했다."라고 했다.
【集解】 徐廣曰 都卽墨

정의 《괄지지》에는 "즉묵卽墨의 고성은 내주萊州 교수현膠水縣 남쪽
60리에 있다. 옛날 제나라 땅으로서 본래 한漢나라의 옛 현縣이다."라
고 했다. 교수膠水 동쪽에 있다.
【正義】 括地志云 卽墨故城在萊州膠水縣南六十里 古齊地 本漢舊縣 膠音

交 在膠水之東

④ 臨淄임치

색은 상고해보니 〈고조본기〉와 〈전담전〉에 "임제臨齊라고 일렀는데
이곳을 예전의 임치臨淄라고 한 것은 잘못이다."라고 했다.
【索隱】 按 高紀及田儋傳云 臨濟 此言臨菑 誤

정의 菑의 발음은 '치[側其反]'다.《괄지지》에는 "청주靑州 임치현臨
淄縣이, 곧 옛날 임치 땅이다. 일명 제성齊城이라고 하는데 옛날 영구營
丘의 땅이며 제나라를 봉한 도시이다. 소호少昊 때 상구씨爽鳩氏가 있었
고, 우虞와 하夏나라 때에는 계즉季崱이 있었고, 은나라 때에는 봉백릉
逢伯陵이 있었고, 은나라의 말기에는 박고씨薄姑氏가 있어서 제후가 되
었으며 국가가 이곳의 땅이었다. 뒤에는 태공太公을 봉했는데 사방 500
리의 땅이었다."고 했다.
【正義】 菑 側其反 括地志云 靑州臨菑縣也 卽古臨菑地也 一名齊城 古營
丘之地 所封齊之都也 少昊時有爽鳩氏 虞 夏時有季崱 殷時有逢伯陵 殷末
有薄姑氏 爲諸侯 國此地 後太公封 方五百里

지난날 진나라에게 멸망당한 제왕 건齊王建의 손자 전안田安은 항우가 바야흐로 하수를 건너 조나라를 구원할 때 제수 북쪽에 있는 몇 개의 성을 함락시키고 그 군사를 이끌어 항우에게 항복했다. 그래서 전안을 세워 제북왕濟北王으로 삼고 박양博陽에[1] 도읍하게 했다. 전영田榮은 자주 항량을 배신하고 또 군사를 인솔하고 초나라를 떠나 진나라를 공격하려 하지 않았다. 그래서 왕으로 봉하지 않았다. 성안군成安君[2] 진여陳餘는 장군의 인수를 버리고 관중으로 들어갈 때도 따르지 않았지만 평소 그가 현명하다는 소문이 있었고 조나라에 공로가 있었는데 그가 남피南皮에[3] 있다는 소식이 들렸다. 그래서 그 부근 3개 현을 봉해 주었다.[4] 파군番君의 장군 매연梅鋗은 공로가 많았다. 그래서 10만 호의 제후에 봉해졌다. 항왕은 스스로 서서 서초패왕西楚霸王이[5] 되었는데 구군九郡의[6] 왕이 되어서 팽성彭城에[7] 도읍했다.

故秦所滅齊王建孫田安 項羽方渡河救趙 田安下濟北數城 引其兵降項羽 故立安爲濟北王 都博陽[1] 田榮者 數負項梁 又不肯將兵從楚擊秦 以故不封 成安君[2]陳餘弃將印去 不從入關 然素聞其賢 有功於趙 聞其在南皮[3] 故因環封三縣[4] 番君將梅鋗功多 故封十萬戶侯 項王自立爲西楚霸王[5] 王九郡[6] 都彭城[7]

① 博陽박양

서초패왕 항우의 18제후 봉국도

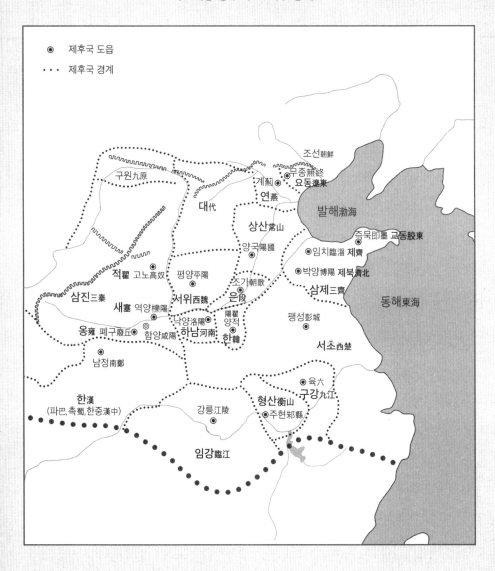

- ◉ 제후국 도읍
- ··· 제후국 경계

조선朝鮮
구원九原
계薊
연燕
무종無終 요동遼東
대代
상산常山
발해渤海
양국陽國
즉묵即墨 교동膠東
임치臨淄 제齊
적책 고노高奴
평양平陽
조가朝歌
박양博陽 제북濟北
삼진三秦
서위西魏
은殷
삼제三齊
새塞 역양櫟陽
양책 양적
동해東海
옹雍 폐구廢丘
낙양洛陽
함양咸陽 하남河南
한韓
팽성彭城
남정南鄭
서초西楚
한漢
(파巴, 촉蜀, 한중漢中)
강릉江陵
형산衡山
육六 구강九江
주현邾縣
임강臨江

【참고문헌】
司馬遷,《史記》〈項羽本紀〉

정의 제북濟北에 있다.

【正義】 在濟北

② 成安君성안군

정의 〈지리지〉에는 "성안현成安縣은 영천군潁川郡에 있고 예주豫州에 속한다."고 했다.

【正義】 地理志云成安縣在潁川郡 屬豫州

③ 南皮남피

정의 《괄지지》에는 "옛 남피성南皮城은 창주滄州 남피현南皮縣 북쪽 4리에 있는데 본래 한漢나라 피현성皮縣城이었고 곧 진여가 봉해진 곳이다."라고 했다.

【正義】 括地志云 故南皮城在滄州南皮縣北四里 本漢皮縣城 卽陳餘所封也

④ 封三縣봉삼현

집해 《한서음의》에는 "남피南皮에 둘러싸인 3개 현을 봉했다."라고 했다.

【集解】 漢書音義曰 繞南皮三縣以封之

⑤ 西楚霸王서초패왕

[정의] 〈화식전〉에는 "회수淮水 이북 패沛, 진陳, 여남汝南, 남군南郡
이 서초西楚가 되었다. 팽성彭城 이동의 동해東海, 오吳, 광릉廣陵 등이
동초東楚가 되었다. 형산衡山, 구강九江, 강남江南, 예장豫章, 장사長沙
등이 남초南楚가 되었다."고 했다. 맹강은 "옛 이름인 강릉江陵이 남초南
楚가 되고 오吳가 동초東楚가 되고 팽성이 서초西楚가 되었다."고 했다.
【正義】 貨殖傳云淮以北 沛 陳 汝南 南郡爲西楚也 彭城以東 東海 吳 廣陵
爲東楚也 衡山 九江 江南 豫章 長沙爲南楚 孟康云 舊名江陵爲南楚 吳爲東
楚 彭城爲西楚

⑥ 九郡구군

[신주] 《상용주석통감언해詳容注釋通鑑諺解》에 "회북淮北의 패군沛郡,
진주陳州, 여남汝南, 남군南郡은 서초西楚가 되고, 팽월의 동쪽으로 동
해東海, 오군吳郡, 광릉廣陵은 동초東楚가 되고, 형산衡山과 구강九江 강
남의 예장豫章, 장사長沙는 남초南楚가 된다."고 했다.

⑦ 彭城팽성

[집해] 맹강은 "옛 이름 강릉江陵이 남초南楚가 되었고 오吳가 동초東
楚가 되었고 팽성彭城이 서초西楚가 되었다."고 했다.
【集解】 孟康曰 舊名江陵爲南楚 吳爲東楚 彭城爲西楚

팽성은 서주현西周縣이다.

【正義】 彭城 徐州縣

현재의 강소성江蘇省 서주시徐州市이다. 팽성은 진秦나라 때 사수군泗水郡에 속해 있었는데 한고제漢高帝 6년(서기전 201) 유교劉交를 초왕楚王에 봉하고 동해군東海郡, 설군薛郡, 팽성군 등 36개 현으로 초국楚國을 설치했다. 팽성군은 초국의 핵심이었다. 경제景帝 3년(서기전 154) 초왕 유무劉戊가 오吳, 조趙 등과 연합해 칠국의 난을 일으켰다가 진압당한 후 평륙후平陸侯 유례劉禮를 초왕으로 삼고 초국의 영토를 축소시켰다. 왕망王莽은 팽성을 화락和樂이라고 고쳤다. 위魏, 진晉에서 팽성국彭城國을 설치했는데 북위北魏는 팽성군彭城郡으로 삼고 서주徐州에서 다스리게 했다. 수隋 대업大業 3년(607) 서주를 폐하고 팽성군으로 삼아서 팽성현에서 다스리게 했다가 당唐 무덕武德 4년(621) 서주를 설치했다가 천보天寶 원년(742) 서주를 폐하고 다시 팽성군을 설치했다. 그 후에도 때로는 팽성, 때로는 서주가 되었다.

한왕 유방, 관중을 차지하다

한漢나라 원년(서기전 206) 4월, 제후들이 희수戱水 아래에서 군사들을 해산하고 각자 자신의 나라로 갔다.[1] 항왕은 함곡관을 나가서 자신의 나라로 가서는 사람을 시켜 의제義帝를 천도하게 하면서 말했다.

"옛날 제왕의 땅은 사방 1,000리로 반드시 강의 상류에 거처했습니다."[2]

이에 사신을 보내 의제義帝를 장사長沙의 침현郴縣으로[3] 옮기게 했다. 의제의 행차를 독촉하자 그의 여러 신하들이 점점 의제를 배반했다. 이에 몰래 형산왕衡山王과 임강왕臨江王을 시켜서 강수江水 가운데에서 죽이도록 했다.[4]

漢之元年四月 諸侯罷戲下 各就國[1] 項王出之國 使人徙義帝 曰 古之帝者地方千里 必居上游[2] 乃使使徙義帝長沙郴縣[3] 趣義帝行 其羣臣稍稍背叛之 乃陰令衡山 臨江王擊殺之江中[4]

① 諸侯罷戲下各就國제후파희하각취국

戲는 '희義'로 발음하는데 강[水] 이름이다. '하下'라고 말한 것은 '허하許下나 낙하洛下'와 같은 것이다. 상고해보니 상문上文에 항우項羽가 희수戲水 서쪽 홍문鴻門에 이르자 패공沛公이 군사들을 패상霸上으로 돌렸는데 이것이 항우가 처음 군대를 희수 아래 머무르게 한 것이다. 뒤에 군사를 이끌고 서쪽으로 가서 함양을 도륙하고 진秦나라 궁실을 불태우고 또한 희수 아래로 돌아갔다. 지금 '제후파희하諸侯罷戲下'라고 한 것은 각각 봉읍封邑과 호號를 받는 것을 끝마치고 희수 아래에서 각자 자신의 나라로 나아간 것이다. 무엇 때문에 문자를 가차假借해 깃발의 아래로 삼는 것이겠는가? 안사고와 유백장의 설명은 모두 그른 것이다.

【索隱】 戲音羲 水名也 言下者 如許下洛下然也 按 上文云項羽入至戲西鴻門 沛公還軍霸上 是羽初停軍於戲水之下 後雖引兵西屠咸陽 燒秦宮室 則亦還戲下 今言諸侯罷戲下 是各受封邑號令訖 自戲下各就國 何須假借文字 以爲旌麾之下乎 顔師古 劉伯莊之說皆非

② 居上游거상유

문영은 "강[水]의 상류上流에 거처하다. '유游'를 어떤 이는 '유流'라고 했다."고 했다.

【集解】 文穎曰 居水之上流也 游 或作流

③ 郴縣침현

[집해] 여순은 "郴은 '침綝'으로 발음한다."고 했다.

【集解】 如淳曰 郴音綝

④ 擊殺之江中격살지강중

[집해] 문영은 "침현郴縣에 의제 총義帝冢이 있고 해마다 때가 되면 항상 제사를 지내는데, 이 제사가 끊어지지 않았다."고 했다.

【集解】 文穎曰 郴縣有義帝冢 歲時常祠不絕

[신주] 임강왕臨江王이 의제義帝를 강江 속에서 쳐죽였다는 뜻이다. 임강왕은 공오共敖(?~서기전 204년)인데 임강국臨江國 초대왕이다. 서기전 206년 서초패왕 항우에 의해 임강왕에 봉해졌고 강릉을 도읍지로 삼았는데, 강릉江陵은 현재 호북성 강릉이다. 오래지 않아 형산왕 오예吳芮, 구강왕九江王 영포英布와 함께 의제를 침현에서 격살했다. 침현은 현재의 호남성 침주郴州이다. 초한楚漢 전쟁 때 임강국은 서초패왕에 속해 있었으면서도 한고조 유방劉邦과 싸울 때 항우 진영에 군사를 보내지 않았다. 그래서 한고조 3년(서기전 204) 7월 사망했을 때, 자식 공위共尉가 그 지위를 세습했다.

한왕韓王 성成은 군대에서 공이 없어서 항왕이 자신의 나라로 가지 못하게 하고 함께 팽성에 이르게 했다가 폐하여 후작으로 삼았고 얼마 후 또 그를 죽였다. 장도臧荼는[1] 자신의 나라로 가서 이(연왕에 봉함)를 계기로 한광韓廣을[2] 요동으로 쫓아내려 했는데 한광이 듣지 않자 장도는 한광을 무종無終에서 공격해 살해하고 한광의 땅을 겸병해서 왕이 되었다.[3]

韓王成無軍功 項王不使之國 與俱至彭城 廢以爲侯 已又殺之 臧荼[1] 之國 因逐韓廣[2]之遼東 廣弗聽 荼擊殺廣無終 幷王其地[3]

① 臧荼장도

신주 장도(?~서기전 201년)는 연왕 한광의 부장部將으로 항우를 따라 관중에 들어간 공功으로 서기전 206년 항우가 제후들에게 천하를 나눌 때, 연왕에 봉해졌다. 서기전 204년 한신이 조나라 진여를 격파하자 한신에게 귀순하여 유방에 투항했다. 그러나 서기전 202년 유방이 황제에 즉위하였고, 그 이듬해 그는 모반을 도모했다는 구실로 유방에게 죽임을 당했다.

② 韓廣한광

신주 한광(?~서기전 205년)은 진조秦朝 때의 사람이다. 진승의 난 때 진승 휘하의 장령將領이었다. 후에 무신武臣을 따라 조나라를 공격했다. 서기전 209년 무신의 명령을 받아 연나라를 공격하고 이곳에서 스스로 연왕燕王이 되었다. 서기전 206년 항우가 봉토를 나눌 때에 장도臧荼가 연왕에 봉해지자 봉토를 옮겨 받아 요동遼東왕이 되었고 무종無終을 도읍으로 삼았다. 그러나 한광은 이에 불복하고 요동으로 옮긴 것을 기꺼워하지 않자 장도가 무종에서 격살했다.

③ 并王其地병왕기지

신주　연왕 장도가 요동왕 한광을 무종에서 죽이고 그 땅을 차지했다는 것은 당시 연나라 땅이나 요동이 모두 현재의 하북성 지역에 있었음을 말해주는 것이다.

전영田榮은 항우가 제왕齊王 전시田市를 교동膠東으로 옮기고 제나라 장수 전도田都를 세워서 제왕으로 삼았다는 소식을 듣고 크게 노해서 제왕을 교동으로 보내는 것을 받아들이지 않고 제나라에서 반란을 일으켜 전도를 맞아 공격했다. 전도는 초나라로 도망쳤다. 제왕 전시는 항왕이 두려워서 이에 도망쳐 교동의 봉국으로 나아갔다. 이에 전영이 노해서 뒤쫓아 즉묵即墨에서 살해했다.[1] 전영은 이로써 스스로 서서 제왕이 되어서는 서쪽의 제북왕 전안田安을 공격해 살해하고 삼제三齊를[2] 합병해 왕이 되었다.

田榮聞項羽徙齊王市膠東 而立齊將田都爲齊王 乃大怒 不肯遣齊王之膠東 因以齊反 迎擊田都 田都走楚 齊王市畏項王 乃亡之膠東就國 田榮怒 追擊殺之即墨[1] 榮因自立爲齊王 而西殺擊濟北王田安并王三齊[2]

① 田榮聞項羽徙齊王市膠東~追擊殺之即墨전영문항우사제왕시교동~추격살지즉묵

신주 전영은 항우가 전도, 전시, 전안에게 제나라를 3분하여 봉토한 것에 반발하여 서기전 206년 5월 군사를 일으켜서 전도田都를 공격하였고, 6월, 전시를 즉묵에서 격살하고 나서 스스로 제왕에 오른 것을 말한다.

진한(秦漢) 교체 시기 항우·유방의 진군로

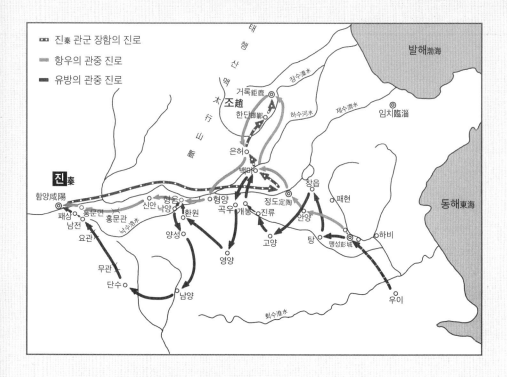

【참고문헌】

司馬遷,《史記》<項羽本紀><高祖本紀>

② 三齊삼제

집해 《한서음의漢書音義》에는 "제齊와 제북濟北, 교동膠東이다."라고
했다.
【集解】 漢書音義曰 齊與濟北 膠東

정의 《삼제기三齊記》에는 "오른쪽의 즉묵卽墨, 중앙의 임치臨淄, 왼
쪽의 평륙平陸을 삼제三齊라고 한다."고 했다.
【正義】 三齊記云 右卽墨 中臨淄 左平陸 謂之三齊

전영은 팽월彭越에게 장군의 인수를 주고 양梁 땅에서 반란을 일으키도록 했다. 진여陳餘는 몰래 장동張同과 하열夏說을 시켜 제왕齊王 전영을 설득해서 말했다.

"항우는 천하의 우두머리[宰]가 되었지만 공평하지 못했습니다. 지금 이전의 왕들을 모두 나쁜 땅의 왕으로 삼고, 그 자신의 여러 신하들과 여러 장수들을 좋은 땅의 왕으로 삼았습니다. 그 이전 주인인 조왕趙王을 축출하고 북쪽 대代 땅에 살게 했는데① 이를 저는 옳지 않다고 생각합니다. 듣건대 대왕께서 군사를 일으키셨는데 불의를 따르지 않는다고 하시니 원하건대 대왕께서 저에게 군사를 빌려 주셔서 상산常山을 공격하게 청하신다면 조왕의 땅을 회복시킬 수 있습니다. 청컨대 조나라로 방패로 삼으십시오."②

제왕齊王이 허락하고 이에 군사를 파견해 조나라로 가게 했다. 진여도 3개 현의 군사들을 모두 일으켜 제나라와 함께 힘을 합쳐 상산을 공격해 크게 쳐부수었다. 장이張耳는 달아나 한나라로 돌아갔다. 진여가 옛 조왕 헐歇을 대代에서 맞이해 조나라로 돌아가게 했다. 이에 조왕 헐이 진여를 세워 대왕代王으로 삼았다.

榮與彭越將軍印 令反梁地 陳餘陰使張同 夏說說齊王田榮曰 項羽 爲天下宰 不平 今盡王故王於醜地 而王其羣臣諸將善地 逐其故主 趙王乃北居代① 餘以爲不可 聞大王起兵 且不聽不義 願大王資餘兵 請以擊常山 以復趙王 請以國爲扞蔽② 齊王許之 因遣兵之趙 陳餘 悉發三縣兵 與齊并力擊常山 大破之 張耳走歸漢 陳餘迎故趙王歇 於代 反之趙 趙王因立陳餘爲代王

① 其故主趙王乃北居代기고주조왕내북거대

신주　항우가 장이張耳를 상산왕으로 삼아 조나라 땅의 왕이 되게 하고, 조왕 헐歇을 대代 땅으로 옮겨서 왕으로 삼은 일을 가리키는 것이다.

② 請以國爲扞蔽청이국위한폐

신주　조왕 헐에게 조나라 땅을 회복시켜 줌으로써 조나라가 제나라를 가려주어 항우의 침입에 방패가 된다는 뜻이다.

이때 한漢나라는 회군해서 삼진三秦을 평정했다. 항우는 한왕漢
王이 관중關中을 이미 모두 합병했다는 소식을 듣고, 또 동쪽에
서 제나라와 조나라가 배반했다는 소식을 듣고는 크게 분노했
다. 이에 옛날 오吳 땅의 현령인 정창鄭昌을[1] 한韓왕으로 삼아
한漢나라를 막도록 했다. 소공각蕭公角[2] 등에게는 팽월彭越을
공격하라고 명했다. 팽월은 소공각 등을 무너뜨렸다. 한漢나라
는 장량을 시켜 한韓나라를 순회하게 하고 항왕에게 서신을 보
내 말했다.

"한왕漢王이 약조한 직분을 잃었는데 관중을 얻고자 합니다. 만
약 약속대로 하신다면 곧 중지하고 감히 동쪽으로 가지 않을 것
입니다."[3]

是時 漢還定三秦 項羽聞漢王皆已并關中 且東 齊 趙叛之 大怒 乃以
故吳令鄭昌[1]爲韓王 以距漢 令蕭公角[2]等擊彭越 彭越敗蕭公角等
漢使張良徇韓 乃遺項王書曰 漢王失職 欲得關中 如約卽止 不敢東[3]

① 鄭昌정창

신주 진나라 말기 오현의 현령. 항량, 항우와 인간관계가 매우 좋았
다. 진승, 오광의 대택大澤 변란 후에 항우를 따라 진나라에 대항한 공
으로 대부에 봉해졌다. 서기전 206년 한왕韓王이 되어 유방에게 대항
했다가 그 후에 유방에게 투항했다.

② 蕭公角소공각

소림蘇林은 "관호官號이다. 혹은 소蕭 땅의 현령이다. 당시에는 현령縣令을 모두 공公으로 칭했다."고 했다.

【集解】 蘇林曰 官號也 或曰蕭令也 時令皆稱公

③ 漢王失職~不敢東한왕실직~불감동

초 회왕의 약속을 가리킨다. 유방이 관중의 땅에 먼저 입성했으나 항우가 유방을 견제하기 위해 그 약속을 지키지 않고, 관중關中을 장함, 사마흔, 동예에게 3분하여 봉토했으며, 유방에게는 파巴, 촉蜀, 한중漢中의 땅을 봉했다. 따라서 유방이 관중을 평정한 후 이를 요구한 것이다.

또 제나라와 양梁나라가 배반했다는 서신을 항왕에게 보내서 말했다.

"제齊나라가 조趙나라와 함께 초나라를 멸망시키려고 합니다." 초나라는 이 때문에 서쪽을 공격하려던 생각을 버리고 북쪽 제나라를 공격했다. 구강왕九江王 경포에게 군사 징발을 요구했으나 경포가 병을 핑계로 오지 않고 다른 장수에게 수천 명의 군사들을 거느리고 가게 했다. 항왕이 이 때문에 경포를 원망했다. 한나라 2년 겨울, 항우가 드디어 북쪽 성양城陽에① 이르자 전영이 또한 군사를 인솔하고 항우를 맞이해 싸웠다. 전영이 승리하지 못하고 달아나 평원平原에② 이르자 평원 백성이 전영을 살해했다. 항우는 드디어 북쪽으로 가서 제나라의 성곽과 가옥들을 불살라 없애버리고 전영의 항복한 졸개들을 다 묻어 죽였으며 노인들과 허약한 부녀들을 포로로 잡았다. 제나라를 순회해 북해北海까지 이르면서 많은 사람들을 남김없이 죽였다. 그러자 제나라 사람들은 서로 모이면 반란을 일으켰다. 이에 전영의 아우 전횡田橫은 제나라의 도망친 병졸 수만 여명을 수습해 양성에서 반기를 들었다. 항왕이 남아서 여러 차례 싸웠으나 함락시키지 못했다.

又以齊 梁反書遺項王曰 齊欲與趙并滅楚 楚以此故無西意 而北擊齊 徵兵九江王布 布稱疾不往 使將將數千人行 項王由此怨布也 漢之二年冬 項羽逐北至城陽① 田榮亦將兵會戰 田榮不勝 走至平原② 平原民殺之 逐北燒夷齊城郭室屋 皆阬田榮降卒 系虜其老弱婦女 徇齊至北海 多所殘滅 齊人相聚而叛之 於是田榮弟田橫收齊亡卒 得數萬人 反城陽 項王因留 連戰未能下

① 城陽성양

지금의 산동성山東省 여현莒縣 성양진城陽鎭이다. 지금의 청도시靑島市 성양구城陽區와는 관계가 없다.

② 平原평원

원래는 제북국濟北國에 속한 땅인데 전한 때 설치했다. 대략 지금의 산동성 덕주시德州市 중부와 남부 그리고 혜민현惠民縣, 양신현陽信縣 일대이다.

봄, 한왕漢王이 다섯 제후의 군사[1] 56만여 명을 거느리고[2] 동쪽으로 초나라를 정벌했다. 항왕이 이 소식을 듣고 곧 여러 장수를 시켜 제나라를 공격하게 하고 자신은 정예병 3만 명을 인솔하고 남쪽의 노나라를 거쳐 호릉胡陵으로 출동했다.[3] 4월, 한漢나라는 이미 모두 팽성으로 들어가 그곳의 재화와 보물과 미인들을 거두어 날마다 술을 마시는 큰 연회를 열었다. 항왕이 서쪽으로 소현蕭縣을[4] 따라 새벽에 한나라의 군대를 공격하고 동쪽으로 팽성에 이르러 한낮에[5] 한나라의 군사들을 크게 쳐부수었다.

春 漢王部[2]五諸侯兵[1] 凡五十六萬人 東伐楚 項王聞之 卽令諸將擊齊 而自以精兵三萬人南從魯出胡陵[3] 四月 漢皆已入彭城 收其貨寶美人 日置酒高會 項王乃西從蕭[4] 晨擊漢軍而東 至彭城 日中[5] 大破漢軍

① 五諸侯兵오제후병

집해 서광은 "다섯 제후는 새塞, 적翟, 위魏, 은殷, 하남河南이다."라고 했다. 배인이 상고해보니 응소는 "옹雍, 적翟, 새塞, 은殷, 한韓이다."라고 했다. 위소는 "새塞, 적翟, 은殷, 한韓, 위魏, 옹雍은 당시 이미 무너졌다."라고 했다.

【集解】 徐廣曰 塞 翟 魏 殷 河南 駰案 應劭曰 雍 翟 塞 殷 韓也 韋昭曰 塞

翟 殷 韓 魏 雍時已敗也

상고해보니 서광과 위소는 모두 적翟, 새塞과 은殷, 한韓 등으로 헤아렸다. 안사고는 삼진三秦은 헤아리지 않고 상산常山, 하남河南, 한韓, 위魏, 은殷이라고 일렀다. 고윤顧胤의 뜻도 대략 같았다. 이에 진여陳餘의 군사가 5五에 속했다는 것인지 누구 말이 옳은지는 알지 못하겠다. 낮은 뜻으로 생각해보니鄙意按 한왕韓王 정창鄭昌이 한漢나라를 막자 한나라에서는 한신韓信을 보내 이를 격퇴했다. 곧 이는 한나라의 군사는 무너지지 않았고 이미 흩어져 버려서 한韓나라는 이 숫자 안에 포함되지 않는다. 오제후五諸侯는 새塞, 적翟, 하남河南, 위魏, 은殷이다.
【索隱】 按 徐廣 韋昭皆數翟 塞及殷 韓等 顏師古不數三秦 謂常山 河南 韓 魏 殷 顧胤意略同 乃以陳餘兵爲五 未知孰是 鄙意按 韓王鄭昌拒漢 漢使韓信擊破之 則是韓兵不下而已破散也 韓不在此數 五諸侯者 塞 翟 河南 魏 殷也

안사고는 "제가諸家의 설명이 모두 틀렸다. 장량張良이 항우에게 편지를 보내 '한漢나라에서 관중關中을 얻고자 하는데 약속과 같이 한다면 곧 중지하고 감히 다시는 동쪽으로 가지 않을 것입니다.'라고 한 것은 관關의 동쪽으로 나가는 것을 이른 것이다. 지금 항우가 한漢이 동쪽으로 갔다고 들은 때는 한漢이 이미 삼진三秦을 얻은 뒤이다.

오제후五諸侯란 상산常山, 하남河南, 한韓, 위魏, 은殷을 이른 것이다. 이 해 10월에 상산왕常山王 장이張耳가 항복했고 하남왕河南王 신양申陽이 항복했고 한왕韓王 정창鄭昌이 항복했고 위왕魏王 표豹가 항복했고 은왕殷王 앙卬을 사로잡았는데 이는 모두 한漢이 동쪽으로 간 뒤이다. 그래서 이로써 오제후五諸侯가 된다는 것을 알 수 있다. 당시에 비록 상산常山 땅을 얻지는 못했으나 〈공신연표公臣年表〉에는 '장이張耳가 나라를 버리고 대신大臣들과 함께 한漢나라에 귀순했다.'라고 한 것에는 마땅히 또한 사졸士卒들도 들어 있었을 것이다. 당시 옹왕雍王이 아직도 폐구廢丘에 있어서 포위를 당했으니 곧 오제후五諸侯의 숫자에 들어가지는 않았다. 이 기문紀文을 살핀다면 그 이치를 밝게 깨닫게 된다. 앞서간 현인賢人들의 주석들이 함께 뜻을 잃었다."고 했다.

〈고조본기〉나 《한서》가 모두 '겁오제후병劫五諸侯兵'이라고 했다. 대저 군사가 처음 항복하면 사졸士卒들은 스스로 지휘할 수 없다. 그래서 모름지기 겁박해서 행하는 것이다. 또 이르기를 "관중의 군사를 발동해 삼하三河의 군사들을 수습했다."고 했다. 발發은 차차 점점 발동하는 것을 이른 것이다. 수收는 겁박해서 수렴收斂하는 것을 이른 것이다. 위소는 "하남河南, 하동河東, 하내河內를 이른다."고 했다. 신양은 "낙양雒陽에 도읍했고 한왕 성韓王成은 양적陽翟에 도읍했는데 모두 하남河南이다." 위표魏豹는 "평양平陽에 도읍했는데 하동河東이다." 사마앙司馬卬은 "조가朝歌에 도읍했고 장이張耳는 양국襄國에 도읍했는데 하내河內이다."라고 했다.

이 삼하三河의 군사가 곧 오제후병五諸侯兵이다. 다시 옹雍 새塞 적翟을 기록하게 되면 팔제후八諸侯가 성립되는 것이다. 거듭 안사고의 설명이 옳다는 것을 밝힌다. 그래서 〈한신전韓信傳〉에 "한漢나라 2년에 관關에서 나와 위魏의 하남을 수습하자 한韓과 은왕이 모두 항복했다."고 한 것이 이것이다.

【正義】 師古云 諸家之說皆非 張良遺羽書曰 漢欲得關中 如約卽止 不敢

復東 謂出關之東也 今羽聞漢東之時 漢固已得三秦矣 五諸侯者 謂常山 河

南 韓 魏 殷也 此年十月 常山王張耳降 河南王申陽降 韓王鄭昌降 魏王豹降

虜殷王卬 皆漢東之後 故知謂此爲五諸侯 時雖未得常山之地 功臣年表云

張耳棄國 與大臣歸漢 則當亦有士卒爾 時雍王猶在廢丘被圍 卽非五諸侯

之數也 尋此紀文 昭然可曉 前賢注釋 並失指趣 高紀及漢書皆言劫五諸侯

兵 凡兵初降 士卒未有自指麾 故須劫略而行 又云 發關中兵 收三河士 發謂

差點撥發也 收謂劫略收斂也 韋昭云河南 河東 河內 申陽都雒陽 韓王成都

陽翟 皆河南也 魏豹都平陽 河東也 司馬卬都朝歌 張耳都襄國 河內也 此三

河士則五諸侯兵也 更著雍 塞 翟 則成八諸侯矣 重明顏公之說是 故韓信傳

云 漢二年出關 收魏河南 韓 殷王皆降 是

② 部부

집해 서광은 "부部(거느리다)가 다른 판본에는 '겁劫(위협하다)'으로 되

어 있다."고 했다.

【集解】 徐廣曰 一作劫

색은 상고해보니 《한서》에는 '겁劫'으로 나타나 있다.

【索隱】 按 漢書見作劫字

③ 魯出胡陵노출호릉

정의 《괄지지》에는 "노魯는 연주兗州 곡부현曲阜縣이다. 〈지리지〉에는 호릉胡陵은 산양현産陽縣에 소속되어 있다."고 했다.

【正義】 括地志云 魯 兗州曲阜縣也 地理志云 胡陵在山陽縣屬也

④ 蕭소

정의 《괄지지》에는 "서주徐州의 소현蕭縣이고 옛 소숙蕭叔의 국가이며 춘추시대에 송宋나라의 부용국附庸國이다."라고 했다. 《제왕세기》에는 "주나라에서 자성子姓을 나누어 봉해 부용附庸이 되었다."고 했다.

【正義】 括地志云 徐州蕭縣 古蕭叔之國 春秋時爲宋附庸 帝王世紀云 周封子姓之別爲附庸也

⑤ 日中일중

집해 장안은 "1일의 안이다. 어떤 이가 이르기를 '아침에 공격해서 한낮에 이르러 크게 쳐부수었다.'고 했다."라고 했다.

【集解】 張晏曰 一日之中也 或曰旦擊之 至日中大破

한나라 군사들이 모두 달아나다가 서로 곡수穀水와 사수泗水에①
따라 들어가 빠져서 죽은 한나라 군졸만 10여만 명이었다. 한
나라 군사들이 모두 남쪽 산으로 달아나자 초나라에서 또 추격
해 영벽靈壁②에 이르렀다가 동쪽으로 가서 수수睢水가에③ 이르
렀다. 한나라 군사는 퇴각하려 했지만 초나라에게 잡혀서④ 많이
죽었는데 한나라 군사 10여 만 명이 모두 수수로 들어가니 수수
가 흐르지 못할 지경이었다. 초나라는 한왕을 세 겹으로 포위했
다. 이때 큰 바람이 서북쪽으로부터 일어나 나무가 꺾이고 지붕
이 날아가고 모래와 돌을 흩뿌려 한낮이 그믐밤처럼 캄캄했을
때⑤ 초나라 군사들을 맞이했던 것이다.⑥

漢軍皆走 相隨入穀 泗水① 殺漢卒十餘萬人 漢卒皆南走山 楚又追
擊至靈壁② 東睢水③ 上 漢軍卻 爲楚所擠④ 多殺 漢卒十餘萬人皆入睢
水 睢水爲之不流 圍漢王三帀 於是大風從西北而起 折木發屋 揚沙
石 窈⑤冥晝晦 逢迎楚軍⑥

① 穀泗水곡사수

집해 신찬은 "곡수穀水와 사수泗水가 모두 패군沛郡의 팽성彭城에
있다."고 했다.

【集解】 瓚曰 二水皆在沛郡彭城

② 靈壁영벽

서광은 "팽성彭城에 있다."고 했다.
【集解】 徐廣曰 在彭城

색은 맹강은 "옛날 작은 현縣이 팽성의 남쪽에 있다."고 했다.
【索隱】 孟康曰 故小縣 在彭城南

③ 睢水수수

집해 서광은 "수수睢水가 팽성에서 사수泗水로 들어간다."고 했다.
【集解】 徐廣曰 睢水於彭城入泗水

정의 《괄지지》에는 "영벽靈壁의 고성은 서주徐州 부이현符離縣 서북쪽 90리에 있다. 수수睢水의 시작은 준의현浚儀縣의 간탕수莨蕩水를 받아 동쪽으로 취려取慮를 거쳐서 사수泗水로 들어가 4개의 군을 지나서 1,260리를 흘러간다."고 했다.
【正義】 睢音雖 括地志云 靈壁故城在徐州符離縣西北九十里 睢水首受浚儀縣莨蕩水 東經取慮 入泗 過郡四 行千二百六十里

④ 擠제

집해 복건은 "擠는 제민濟民의 '제濟'이다."라고 했다. 신찬은 "배제

排擠이다."라고 했다.

【集解】 服虔曰 擠音濟民之濟 瓚曰 排擠也

⑤ 窈요

집해 서광은 "窈는 또한 '요官(으슥하다)'이다."라고 했다.

【集解】 徐廣曰 窈亦作官字

⑥ 於是大風從西北而起~逢迎楚軍어시대풍종서북이기~봉영초군

신주 항우가 유방에게 패할 것임을 예고하는 말이다. 즉 대풍大風과 주회晝晦는 유방에게는 난관을 극복하는 전환점이 되고, 항우에게는 전세가 역전되어 패하는 계기가 됨을 이른 것이다. 유방에게 있어 '대풍大風'은 '신풍神風'으로 맹자가 말한 천시天時가 유방에게 있음을 알게 한다.

초나라 군사들이 대란大亂에 빠져 무너지고 흩어지자 한왕이 수십여 기병을 얻어서 함께 달아났다. 한왕은 패현沛縣을 지나면서 가족들을 거두어 서쪽으로 가려고 했다. 초나라도 사람을 시켜 패현까지 추격해서 한왕의 가족들을 붙잡도록 했지만 가족들이 모두 도망쳐 한왕과 서로 만나보지 못했다. 한왕이 길에서 효 혜제孝惠帝와[1] 노원魯元공주를[2] 만나 수레에 태워 떠났다. 초나라의 기병들이 한왕을 추격했다. 한왕은 다급해지자 효 혜제와 노원공주를 수레 아래로 밀어서 떨어뜨렸는데, 등공滕公이[3] 항상 아래에서 거두어 싣고 달아났다.[4] 이렇게 세 번이나 했다. 등공이 말했다.

"비록 아무리 급해서 빨리 몰 수 없을지라도 자식을 버릴 수 있겠습니까?"

이에 마침내 추격에서 벗어날 수가 있었다. (유방이) 태공太公과 여후呂后를 찾았으나[5] 서로 만나지 못했다. 심이기審食其는[6] 태공과 여후를 따라 샛길로 가면서[7] 한왕을 찾다가 도리어 초나라의 군사들을 만났다. 초나라의 군사들이 데리고 돌아가 항왕에게 보고하자 항왕이 항상 군중軍中에 두게 했다.

楚軍大亂 壞散 而漢王乃得與數十騎遁去 欲過沛 收家室而西 楚亦使人追之沛 取漢王家 家皆亡 不與漢王相見 漢王道逢得孝惠[1] 魯元[2] 乃載行 楚騎追漢王 漢王急 推墮孝惠 魯元車下 滕公[3]常下收載之[4] 如是者三 曰雖急不可以驅 柰何棄之 於是遂得脫 求太公 呂后[5] 不相遇 審食其[6] 從太公 呂后閒行[7] 求漢王 反遇楚軍 楚軍遂與歸 報項王 項王常置軍中

① 孝惠효혜

신주 한漢나라 2대 황제 유영劉盈(서기전 211~서기전 188년, 재위 서기전 195~188년)이다. 한나라 개국시조 유방의 적장자로서 모친은 여치呂雉이고, 시호가 효혜孝惠이다. 그가 사망한 후 모친 여후呂后가 8년 동안 한나라 대권을 장악했다.

② 魯元노원

집해 복건은 "원元은 장長이다. 노魯나라에 식읍했다."고 했다. 위소는 "원元은 시호이다."라고 했다.
【集解】 服虔曰 元 長也 食邑於魯 韋昭曰 元 謚也

신주 노원공주魯元公主(?~서기전 187)는 유방과 황후 여치呂雉 사이의 장녀로서 자색이 아름다워 모친의 총애를 받았다. 조왕趙王 장이張耳의 장자 장오張敖에게 시집가서 노왕魯王 장언張偃을 낳았다. 노원공주魯元公主는 후에 아들 장언이 노왕에 즉위함으로서 태후가 되었다. 그래서 노원태후魯元太后라고도 불린다.

③ 滕公등공

신주 하후영夏侯嬰(?~서기전 172년)을 뜻한다. 패현沛縣 출신으로 어린 시절 패현의 말을 길렀다. 유방의 말을 몰았는데 빠르고도 용맹해서 등공騰公에 봉해졌다. 나중 태복太僕에 봉해졌는데, 삼국시대 조조曹操의 장수였던 하후돈夏侯惇, 하후연夏侯淵이 그 후손이다.

④ 常下收載之상하수재지

신주 〈번역등관열전樊酈滕灌列傳〉에 "한나라의 형세가 불리해지자 달아나다가 효혜와 노원공주을 발견하고 수레에 태웠으나 한왕은 말이 지쳐 포로가 될 지경으로 급해지니 두 아이를 발로 차서 떨어뜨리려 하였다. 하후영은 그들을 거두어 수레로 끌어올려 천천히 가면서 자기 목을 끌어안게 했다. 한왕이 노하여 하후영의 목을 십여 차례나 베려고 했으나 마침내 탈출하여 효혜와 노원을 풍豐으로 데려다 주었다."고 기록하여 좀 더 구체적으로 서술하고 있다. 이때의 나이가 효혜제는 6세, 노원공주는 14세였다.

⑤ 求太公呂后구태공여후

신주 '구求'는 '찾는다尋'의 뜻이다. 이 문구는 주어主語가 생략되어 있다.

⑥ 審食其심이기

집해 신찬은 "其는 '기基'로 발음한다."고 했다.
【集解】 瓚曰 其音基

색은 食은 '이異'로 발음한다. 상고해보니 역酈, 심審, 조趙 세 사람은 같은 이름이고 그 발음도 합병되어 동일했다. 6국六國 때 위衛나라에 사마司馬 이기食其가 있었는데 그 이름 사모해 지은 것이다.

【索隱】 食音異 按 酈 審 趙三人同名 其音合並同 以六國時衞有司馬食其 並慕其名

신주 심이기(?~서기전 177)는 한고조 유방에게 벽양후辟陽侯로 봉해 졌다.

⑦ 閒行간행

집해 여순은 "간출閒出, 간보閒步, 미행微行이 모두 같은 뜻이다."라 고 했다.

【集解】 如淳曰 閒出 閒步 微行 皆同義也

항왕의 책사 범증이 숨지다

이때 여후呂后의 오라비인 주려후周呂侯[1] 여택呂澤은 한나라를 위해 군사들을 거느리고 하읍下邑에[2] 주둔하고 있었다. 한왕漢 王이 샛길로 가서 여택을 따라 점점 그의 군사들을 수습했다. 형양滎陽에 이르러 모든 패잔병들이 다 모여들었다. 소하蕭何는 병적에 들어 있지 않은 관중關中의 노약자들까지 징발해 모두 형양으로 나아가게 했는데[3] 이 때문에 다시 크게 군세를 떨쳤다.

是時呂后兄周呂侯[1]爲漢將兵居下邑[2] 漢王閒往從之 稍稍收其士卒至滎陽 諸敗軍皆會 蕭何亦發關中老弱未傳悉詣滎陽[3] 復大振

① 周呂侯주려후

집해 서광은 "이름이 택澤이다."라고 했다.

【集解】 徐廣曰 名澤

정의 소림은 "(주려후는) 성명姓名으로써 후侯를 삼은 것이다."고 했다. 진작은 "〈외척표外戚表〉에는 주려 영무후周呂令武侯 택澤이다. 려呂는 현 이름이다. 려 땅에 봉해서 나라로 삼았다."고 했다. 안사고는 "주려周呂는 봉한 이름이다. 영무令武는 그 시호이다. 소림이 '성명으로 후라고 한다.'고 한 것은 그른 것이다."라고 했다.

【正義】 蘇林云 以姓名侯也 晉灼云 外戚表周呂令武侯澤也 呂 縣名 封於呂 以爲國 顏師古云 周呂 封名 令武 其諡也 蘇云 以姓名侯 非也

신주 성은 여呂, 이름은 택澤이고, 주려呂侯는 봉호封號이다.

② 下邑하읍

집해 서광은 "양梁 땅에 있다"고 했다.
【集解】 徐廣曰 在梁

정의 《괄지지》에는 "송주宋州 탕산현碭山縣에 원래 하읍현下邑縣이 있었다. 송주 동쪽 150리에 있다."라고 했다. 지금 하읍은 송주 동쪽 110리에 있다.

【正義】 括地志云 宋州碭山縣本下邑縣也 在宋州東一百五十里 按 今下邑 在宋州東一百一十里

③ 未傅悉詣滎陽미부실예형양

집해 복건服虔은 "傅는 '부附'로 발음한다."고 했다. 맹강은 "옛날에는 20세에 병적에 들고 3년을 경작하면 1년의 저축이 있었다. 그래서 23세가 된 뒤에 부역을 한다."고 했다. 여순은 "율령律令은 23세에 주관疇官을 도와서 각각 그의 아버지를 따라 밭두둑 안에서 배운다. 키가 6자 2치에 차지 못한 그 아래를 륭癃(척추장애인)으로 삼는다."라고 했다. 《한의주漢儀注》에 "백성의 나이 23세에 정正이 되는데 1년은 위사衛士가 되고 1년은 재관기사材官騎士가 되어 활쏘기, 수레 몰기, 말 타기를 배워서 전쟁 때 진지에 배치된다."라고 했다. 또 이르기를 "56세로서 노쇠하면 이를 면제 받고 서민庶民이 되어 전리田里에 나아간다."고 했다. 지금은 노약자는 23세에 미달하는 자와 모두 징발하지 않는다. 23세에 못 미치면 약하다고 하고 56세를 지나면 늙었다고 하는 것이다. 《식화지殖貨志》에는 "연중 한 달씩 경졸更卒이 되고 경졸을 마치면 다시 정졸이 되어 1년 동안은 수자리에 주둔하고 1년 동안 부역을 하는 것이 옛날보다 서른 배나 된다."고 했다.

【集解】 服虔曰 傅音附 孟康曰 古者二十而傅 三年耕有一年儲 故二十三年而後役之 如淳曰 律年二十三傅之疇官 各從其父疇內學之 高不滿六尺二寸以下爲罷癃 漢儀注 民年二十三爲正 一歲爲衛士 一歲爲材官騎士 習射御騎馳戰陣 又曰 年五十六衰老 乃得免爲庶民 就田里 今老弱未嘗傅者皆發之 未二十三爲弱 過五十六爲老 食貨志曰 月爲更卒 已復爲正 一歲屯戌 一歲力役 三十倍於古者

색은 상고해보니 요씨姚氏는, "옛날에 경졸更卒은 1개월을 넘지 않았고 5개월을 이행하면 쉬었다."고 했다. 또 안사고는 이르기를 "오五는 당연히 '삼三'이 되어야 한다. 1년 중에 3개월을 경졸로 있고 3일을 변방에서 수자리하니 총 93일이라고 말한 것이다. 옛날에 사람을 부역시킬 때는 1년에 3일을 넘지 않았으니, 이것이 이른바 '1년의 역역力役이 옛날의 30배가 된다'고 한 것이다.

【索隱】 按 姚氏云 古者更卒不過一月 踐更五月而休 又顏云 五當爲三 言一歲之中三月居更 三日戌邊 總九十三日 古者役人歲不過三日 此所謂一歲力役三十倍於古也

신주 진秦·한漢은 징병제를 실시했는데 먼저 소속 군현에서 한 달 동안 복무하는데 이것이 '경졸更卒'이다. 서울로 올라가 1년 동안 복무하는 것이 정졸正卒이고, 변경에서 1년 동안 수戌자리를 사는 것을 수졸戌卒이라고 했다. 처음 60세까지였다가 56세로 축소되었다.

초나라 군대가 팽성彭城에서 일어나 항상 승세를 타면서 북쪽으로 한나라의 군사들을 쫓아 형양 남쪽 경현京縣과 색정索亭① 사이에서 싸웠는데 한나라 군사들이 초나라 군사들을 무너뜨렸다. 초나라는 이 때문에 형양의 서쪽을 지나갈 수 없었다.

楚起於彭城 常乘勝逐北 與漢戰滎陽南京 索①閒 漢敗楚 楚以故不能過滎陽而西

① 京索경색

집해 응소는 "경京은 현명縣名으로서 하남河南에 속해 있는데 색정索亭이 있다."고 했다. 진작은 "索은 '책柵'으로 발음한다."고 했다.

【集解】 應劭曰 京 縣名 屬河南 有索亭 晉灼曰 索音柵

정의 《괄지지》에는 "경현성京縣城은 정주鄭州 형양현滎陽縣 동남쪽 20리에 있다. 정鄭나라 경읍京邑이다."라고 했다. 《진태강지지晉太康地志》에는 "정나라 태숙단太叔段이 거처하던 읍이다. 형양성은 곧 대색성大索城이다."라고 했고, 두예杜預가 이르기를 "성고成皋 동쪽에 대색성이 있고 또 소색小索 고성이 있는데 형양현 북쪽 4리에 있다."고 했다. 경상번京相璠의 《지명》에는 "경현京縣에 대색정과 소색정이 있는데 대씨와 소씨 형제가 살았다. 그래서 대소大小라는 호칭이 있었다."고 했다. 상고해보니 초楚나라와 한漢나라가 형양 남쪽 경京과 삭索 사이에서 싸웠는데 곧 이 세 성일뿐이다.

【正義】 括地志云 京縣城在鄭州滎陽縣東南二十里 鄭之京邑也 晉太康地志云鄭太叔段所居邑 滎陽縣卽大索城 杜預云成皋東有大索城 又有小索故城 在滎陽縣北四里 京相璠地名云京縣有大索亭 小索亭 大小氏兄弟居之 故有小大之號 按 楚與漢戰滎陽南京 索閒 卽此三城耳

항왕이 팽성을 구원하고 한왕을 추격해 형양에 이르렀을 때 전횡田橫도 제나라를 수습하고 전영田榮의 아들 전광을 세워 제왕齊王으로 삼았다.[①] 한왕이 팽성에서 무너지자 제후들이 모두 다시 초나라와 함께 하면서 한나라를 배신했다. 한나라 군사들은 형양에 주둔해서 용도甬道를 쌓아서 하수河水와 연결해 오창敖倉의[②] 곡식을 빼앗았다. 한나라 3년(서기전 204), 항왕이 자주 한나라의 용도를 침략해 식량을 빼앗아 갔다. 한왕은 식량이 궁핍해질 것을 두려워 해 화친을 청해서 형양을 나누어 서쪽을 한나라의 영토로 삼았다.[③]

項王之救彭城 追漢王至滎陽 田橫亦得收齊 立田榮子廣爲齊王[①] 漢王之敗彭城 諸侯皆復與楚而背漢 漢軍滎陽 築甬道屬之河 以取敖倉[②]粟 漢之三年 項王數侵奪漢甬道 漢王食乏 恐 請和 割滎陽以西爲漢[③]

① 追漢王至滎陽~立田榮子廣爲齊王추한왕지형양~입전영자광위제왕

신주 이 문장의 내용은 〈전담열전田儋列傳〉에 자세히 기록되어 있다.

② 敖倉오창

집해 신찬은 "오敖는 지명地名으로서 형양 서북산에 있고 하수에 임

해서 대창大倉이 있다."고 했다.

【集解】 瓚曰 敖 地名 在滎陽西北山 臨河有大倉

<u>정의</u> 《괄지지》에는 "오창敖倉은 정주鄭州 형양현 서쪽 15리에 있는데 현縣의 문 동북쪽에는 변수汴水가 이르고 남쪽은 삼황산三皇山이 둘러 있었는데 진秦나라 때 오산敖山에 창고를 설치해서 오창敖倉이라고 불렀다."고 했다.

【正義】 括地志云 敖倉在鄭州滎陽縣西十五里 縣門之東北臨汴水 南帶三皇山 秦時置倉於敖山 名敖倉云

③ 割滎陽以西爲漢할형양이서위한

<u>신주</u> 유방이 항우에게 강화를 구할 때 형양을 경계로 삼고자 했다는 뜻이다《新譯史記》, 三民, 2008)

항왕이 들어주고자 했는데 역양후歷陽侯[1] 범증范增이 말했다. "한나라를 차지하기가 쉬울 때입니다. 지금 이를 버리고 취하지 않는다면 뒤에 반드시 후회할 것입니다."

항왕이 이에 범증과 함께 급하게 형양을 포위했다. 한왕이 이를 걱정해서 진평陳平의 계책을 이용해 항왕과 범증을 이간시키려 했다.[2] 항왕의 사신이 오자 태뢰太牢를[3] 갖추어 바치려 했다. 그런데 사신을 보더니 거짓으로 놀라는 척하면서, '나는 아보亞父(범증)의 사신으로 여겼는데 도리어 항왕의 사신이었구나'라면서 다시 걷어가고 거친 음식으로[4] 항왕의 사신을 대접했다. 사신이 돌아와 항왕에게 보고했다. 항왕은 이에 범증이 한나라와 사사로이 통하는 것으로 의심하고 점점 권력을 빼앗았다.

項王欲聽之 歷陽[1]侯范增曰 漢易與耳 今釋弗取 後必悔之 項王乃與 范增急圍滎陽 漢王患之 乃用陳平計間項王[2] 項王使者來 爲太牢[3] 具 舉欲進之 見使者 詳驚愕曰 吾以爲亞父使者 乃反項王使者 更持 去 以惡食食[4]項王使者 使者歸報項王 項王乃疑范增與漢有私 稍奪 之權

① 歷陽역양

정의 《괄지지》에는 "화주和州 역양현歷陽縣은 본래 한漢나라의 옛 현이다."라고 했다. 《회남자》에는 "역양의 도읍이 하루 저녁에 호수湖水가 되었다."고 했다. 한漢나라 황제 때 역양歷陽이 잠겨 역호歷湖가 되었다.

【正義】 括地志云 和州歷陽縣 本漢舊縣也 淮南子云 歷陽之都 一夕而爲

湖 漢帝時 歷陽淪爲歷湖

신주 역양은 지금의 안휘성安徽省 화현和縣이다.

② 用陳平計閒項王용진평계한항왕

신주 이 계책이 반간계反間計이다. 반간계란 적敵의 간첩을 거꾸로

이용하거나 이간질시키는 책략을 말한다. 즉 적의 첩자를 포섭하여 아

군의 첩자로 이용하는 것, 또는 첩자인 줄 알면서도 모르는 척하며 거

짓 정보를 흘려 적에게 속임수를 쓰는 병법이다.

③ 太牢태뢰

신주 태뢰는 하늘에 제사를 지내는 희생犧牲을 뜻하는데, 여기에서

는 큰 잔치를 말한다.

④ 食食식사

정의 앞의 '식食'은 글자대로 발음하고 뒤의 食은 '사寺'로 발음한다.

【正義】 上如字 下音寺

범증이 크게 노해서 말했다.

"천하의 일이 크게 정해졌으니 이제는 군왕께서 스스로 하십시오. 원컨대 늙은 해골이나마 놓아주시어[①] 평민으로 돌아가게 해주십시오."

항왕이 허락했다. 떠나서 팽성에 이르지 못했는데 등에 악창惡瘡이 발생해서 죽었다.[②]

范增大怒 曰 天下事大定矣 君王自爲之 願賜骸骨[①]歸卒伍 項王許之 行未至彭城 疽發背而死[②]

① 願賜骸骨원사해골

신주 심신心身은 주군主君에게 바쳤지만 뼈만은 돌려 달라는 뜻으로 늙은 재상宰相이 연로하여 조정朝廷에 나오지 못하게 될 때, 왕에게 사직辭職을 주청奏請함을 이르는 말이다. 원걸해골願乞骸骨과 같은 말이다.

② 疽發背而死저발배이사

집해 《황람》에는 "아보총亞父冢은 려강廬江 거소현居巢縣 성곽 동쪽에 있다. 거소居巢 뜰 안에는 아보정亞父井이 있는데 관리와 백성이 모두 아보亞父를 거소의 뜰 위에서 제사를 지낸다. 장리長吏가 처음에는 일을 살피고 대개 제사를 마친 후에 정사를 보았다. 뒤에 고쳐서 성곽 동쪽에 사당을 세웠는데 지금까지도 제사지낸다.”라고 했다.

【集解】 皇覽曰 亞父冢在廬江居巢縣郭東 居巢廷中有亞父井 吏民皆祭亞父於居巢廷上 長吏初視事 皆祭然後從政 後更造祠郭東 至今祠之

　　정의　疽는 ‘쳐[七餘反]’로 발음한다. 최호崔浩는 “저疽는 뼈에 붙은 종기이다.”라고 했다. 《괄지지》에는 “촉두산髑髏山은 여주廬州 소현巢縣 동북쪽 5리에 있다. 옛날 범증范增이 북산의 남쪽에서 거처했는데, 뒤에 항우를 보좌했다.”라고 했다.

【正義】 疽 七餘反 崔浩云 疽 附骨癰也 括地志云 髑髏山在廬州巢縣東北五里 昔范增居北山之陽 後佐項羽

한나라의 장군 기신紀信이 한왕을 설득해서 말했다.

"사태가 이미 급박해졌습니다. 청컨대 왕을 위해서 거짓으로 초나라를 속이고 제가 왕이 되겠으니 왕께서는 그 사이 빠져 나가십시오."

이에 한왕이 밤에 여자들을 내보내고, 형양의 동쪽 문에서 갑옷 입은 2,000명을 내보내자[1] 초나라 군사들이 사방에서 공격했다. 기신은 황옥黃玉 수레를[2] 타고 좌독左纛을[3] 달고 말했다.

"성안에 식량이 다해서 한왕이 항복하고자 한다."

초나라 군사들이 모두 만세를 불렀다. 한편 한왕은 수십여 기병들과 함께 성의 서쪽 문으로 탈출해 성고成皐로[4] 달아났다. 항왕이 기신을 만나보고 물었다.

"한왕은 어디에 있는가?"

기신이 대답했다.

"한왕은 이미 떠나셨습니다."

항왕이 기신을 불태워 죽였다.

漢將紀信說漢王曰 事已急矣 請爲王誑楚爲王 王可以閒出 於是漢王夜出女子滎陽東門被甲二千人[1] 楚兵四面擊之 紀信乘黃屋車[2] 傅左纛[3] 曰 城中食盡 漢王降 楚軍皆呼萬歲 漢王亦與數十騎從城西門出 走成皐[4] 項王見紀信 問 漢王安在 曰 漢王已出矣 項王燒殺紀信

① 漢王夜出女子滎陽東門被甲二千人 한왕야출여자형양동문피갑이천인

유방은 밤에 성안의 여자들과 갑병甲兵 이천 명을 동문으로 내보내 초군들을 교란시킨 다음 사병土兵으로 위장하고 서문으로 탈출했던 것을 이르는 것이다.

② 黃屋車황옥거

정의 이비가 이르기를 "천자의 수레는 누런 비단으로 덮어 싼다."고 했다.

【正義】 李斐云 天子車以黃繒爲蓋裏

③ 左纛좌독

집해 이비는 "독纛은 깃털 장식으로 된 기旗이다. 승여乘輿의 고삐를 고정하는 가로걸이대 좌측 위에 그것을 꽂아 세우는 것이다."라고 했다. 채옹은 "검은 소[犛牛] 꼬리로 만든 것으로 북두성의 모양과 같았는데 혹은 곁마의 머리[騑頭]에 두기도 하고 혹은 멍에 위에 두기도 한다."고 했다.

【集解】 李斐曰 纛 毛羽幢也 在乘輿車衡左方上注之 蔡邕曰 以犛牛尾爲之 如斗 或在騑頭 或在衡上也

④ 成皋성고

정의 《괄지지》에는 "성고의 고현故縣이며 낙주洛州 범수현氾水縣 서남쪽 2리에 있다."고 했다.

【正義】 括地志云 成皋故縣在洛州氾水縣西南二里

한왕이 어사대부御史大夫 주가周苛,[1] 종공樅公,[2] 위표魏豹에게
형양을 지키도록 했다. 주가와 종공이 모의해서 말했다.
"나라를 배반한 왕과는 성을 지키기가 어렵다."
이에 함께 위표를 죽였다.[3]
漢王使御史大夫周苛[1] 樅公[2] 魏豹守滎陽 周苛 樅公謀曰 反國之王
難與守城 乃共殺魏豹[3]

① 周苛주가

신주　　주가(?~서기전 203)는 사수군泗水郡 패현沛縣 사람이다. 한왕 유
방의 대신으로 싸움에 패했으나 끝까지 항우에게 항복하지 않다가 피
살됐다.

② 樅公종공

집해　樅은 "총[七容反]"으로 발음한다.
【集解】 樅音七容反

③ 共殺魏豹공살위표

위표魏豹(?~서기전 204)는 전국 말기 위魏나라 왕족으로서 진秦 말기 위왕魏王으로 섰다가 항우에 의해 서 위왕西魏王이 되었다. 서기전 205년 유방劉邦이 임진臨晉을 건너서 황하를 지날 때 한왕에게 항복했으나 유방이 팽성 전투에서 참패하자 다시 돌아섰다. 서기전 204년 유방이 형양을 지키게 했지만 초楚군이 포위했을 때 초군과 내통할 것을 우려한 주가周苛 등에 의해 살해되었다.

초나라에서 형양성을 함락시키고 주가를 생포했다. 항왕이 주가에게 말했다.

"나의 장군이 된다면 나는 그대를 상장군으로 삼고 3만 호의 제후로 봉하겠다."

주가가 꾸짖어 말했다.

"네가 빨리 한나라에 항복하지 않는다면 한나라에서는 지금 너를 포로로 잡을 것이다. 너는 한나라의 적수가 될 수 없다."

항왕은 노해서 주가를 삶아 죽이고 종공도 죽여서 우물에 버렸다.

楚下滎陽城 生得周苛 項王謂周苛曰 爲我將 我以公爲上將軍 封三萬戶 周苛罵曰 若不趣降漢 漢今虜若 若非漢敵也 項王怒 烹周苛 幷殺樅公

한왕은 형양을 나가서 남쪽의 완宛 땅과 섭葉 땅으로[1] 치달아서 구강왕을 포로로 잡고 나서 병사들을 수습하고 성고로 다시 들어가 지켰다. 한나라 4년(서기전 203), 항왕이 군사들을 진격시켜 성고를 포위했다. 한왕이 도망쳐[2] 홀로 등공滕公과 함께 성고의 북문으로[3] 나가 하수를 건너 수무脩武로 달아나 장이張耳와 한신의 군대에 의지했다. 여러 장수가 점점 성고에서 탈출해 한왕을 따랐다. 초나라에서 드디어 성고를 함락시키고 서쪽으로 가고자 했다. 한나라에서 군사들에게 공鞏에서 초나라 군사를 막아 그들이 서쪽으로 향하지 못하게 했다.

漢王之出滎陽 南走宛 葉[1] 得九江王布 行收兵 復入保成皋 漢之四年 項王進兵圍成皋 漢王逃[2] 獨與滕公出成皋北門[3] 渡河走脩武 從張耳 韓信軍 諸將稍稍得出成皋 從漢王 楚逐拔成皋 欲西 漢使兵距之鞏 令其不得西

① 宛葉완섭

신주　완宛 땅은 진나라 때 현명縣名으로 지금의 하남성河南省 남양현南陽縣 일대이다. 섭葉 땅은 지금의 진나라 때 현명으로 지금의 하남성河南省 섭현葉縣의 남쪽에 있다.

② 漢王逃한왕도

진작은 "홀로 나갔다는 뜻이다."라고 했다.

【集解】 晉灼曰 獨出意

逃의 발음은 '도[徒凋反]'이다.《한서》에는 '도跳'로 되어 있다.

【索隱】 音徒凋反 漢書作跳字

③ 北門북문

서광은 "북문의 이름은 옥문玉門이다."라고 했다.

【集解】 徐廣曰 北門名玉門

이때 팽월彭越이 하수를 건너 초나라의 동아東阿를① 공격해서 초나라 장군 설공薛公을② 죽였다. 항왕은 이에 동쪽에서 팽월을 공격했다. 한왕이 회음후淮陰侯(한신)의 군사를 얻어 하수의 남쪽을 건너려고 했다. 정충鄭忠이 한왕을 설득해 중지하고 하내河內에 장벽을 쌓았다.

是時 彭越渡河擊楚東阿① 殺楚將軍薛公② 項王乃自東擊彭越 漢王得淮陰侯兵 欲渡河南 鄭忠說漢王 乃止壁河內

---

① 東阿동아

신주 〈전제세가田齊世家〉 및 〈육국연표六國年表〉에는 평아平阿로 되어있다. 평아는 지금의 산동성山東省 양곡현陽谷縣 동북쪽에 있다. 안휘성安徽省 회원현懷遠縣이라고는 설이 있긴 하나 당시 회원현은 제나라에 속해있지 않아 이 설을 인정하기는 어렵다.

② 薛公설공

신주 이름은 감鑒이다. 일찍이 초나라 영윤令尹을 지냈다. 후에 하후영 진영에 이르러 문객들을 관리하는 일을 했다. 등공滕公을 거쳐 한고조漢高祖를 배알하고 고조에게 다가가서 영포英布가 일으킨 반란의 해결방법을 분석하고 협조하여 영포를 물리치니 한고조가 크게 기뻐하며 설薛 땅을 봉하여 제후로 삼고 식읍 천호千戶를 하사했다.

유가劉賈에게① 군사를 거느리고 팽월을 도와 초나라에서 군량미를 쌓아둔 곳을② 불태우게 했다. 항왕이 동쪽으로 공격해 쳐부수자 팽월이 달아났다. 한왕은 곧바로 군사들을 인솔하고 하수를 건너 다시 성고를 빼앗고, 광무廣武에③ 주둔해 오창의 곡식을 먹었다. 항왕이 이미 동해를 평정하고 서쪽으로 광무에 다다라 군대를 주둔시키고④ 한나라와 더불어 수개월간 서로 대치했다.⑤

使劉賈①將兵佐彭越 燒楚積聚② 項王東擊破之 走彭越 漢王則引兵渡河 復取成皋 軍廣武③ 就敖倉食 項王已定東海來 西 與漢俱臨廣武而軍④ 相守數月⑤

① 劉賈유가

신주 유가(?~서기전 196년)는 중국 진나라 말기, 전한 초기의 인물이다. 전한 고제의 종형으로, 형왕을 지냈다. 영포의 반란에서 전사했다.

② 積聚적취

정의 적積의 발음은 '자[積賜反]'이다.
【正義】 上積賜反

③ 廣武광무

신주 당시의 성城으로 지금의 하남성河南省 형양현滎陽縣 동북쪽 광무산 정상에 있다.

④ 廣武而軍광무이군

집해 맹강은 "형양에 2개의 성을 쌓고 서로 대치한 곳이 광무廣武인데 오창敖倉이 서쪽 삼황산三皇山 위에 있다."고 했다.
【集解】 孟康曰 於滎陽築兩城相對爲廣武 在敖倉西三皇山上

정의 《괄지지》에는 "동광무東廣武와 서광무西廣武가 정주鄭州 형양현 서쪽 20리에 있다."고 했다. 대연지戴延之의 《서정기西征記》에는 "삼황산三皇山 위에 2개의 성이 있는데 동쪽은 동광무이고 서쪽은 서광무인데 각각 하나의 산머리에 있다. 서로의 거리가 100보이다. 변수汴水가 광간廣澗을 따라 동남쪽으로 흘렀으나 지금은 말라서 물이 없다. 성에는 각각 삼면三面으로 되어 있는데 오창이 서쪽에 있다. 곽연생郭緣生의 《술정기述征記》에는 "한 간수澗水가 가로로 끊어져 위로 지나므로 이름을 광무라고 했다. 서로 대치하면서 모두 성의 참호를 세우고 드디어 동광무와 서광무라고 호칭했다."고 했다.
【正義】 括地志云 東廣武 西廣武在鄭州滎陽縣西二十里 戴延之西征記云 三皇山上有二城 東曰東廣武 西曰西廣武 各在一山頭 相去百步 汴水從廣澗中東南流 今涸無水 城各有三面 在敖倉西 郭緣生述征記云一澗橫絶上

過 名曰廣武 相對皆立城塹 遂號東西廣武

⑤ 相守數月상수수월

신주　양옥승은 "《한서漢書》의 〈고기高紀〉와 〈적전籍傳〉에는 모두 '數月' 두 자가 없다. 이는 이때가 한왕 4년 10월이고, 광무에서 진을 친 것에 적당한 말을 얻지 못해 '수월數月'이라 했으나 '1개월'이라고 해야 마땅하다."고 했다. 이때 항우는 서성西城에 의지했고, 유방은 동성東城에 의지하여 대치對峙했다. '수守'는 대치함을 이른다.

유방이 부상하다

이 당시 팽월이 자주 양梁 땅에서 배반을 하고 초나라의 군량을 끊어서 항왕이 근심했다.① 이에 높은 도마를 만들어 태공太公을② 그 위에 올려놓고③ 한왕에게 말했다.

"지금 빨리 항복하지 않는다면 나는 태공을 삶아 죽일 것이다."④ 한왕이 응수해 말했다.

"나는 항우와 함께 북면하고⑤ 회왕懷王에게 명을 받아 '형제가 되기로 약속한다.'고 했지 않습니까? 나의 아버지는⑥ 곧 항우의 아버지와 같으니 아버지를 반드시 삶아 죽이겠다면 바라건대 나에게 한 그릇의 국을 나누어 주시오."⑦

當此時 彭越數反梁地 絶楚糧食 項王患之① 爲高俎 置太公②其上③ 告漢王曰 今不急下 吾烹太公④ 漢王曰 吾與項羽俱北面⑤受命懷王 曰 約爲兄弟 吾翁⑥卽若翁 必欲烹而翁 則幸分我一栝羹⑦

① 當此時~項王患之당차시~항왕환지

신주 당시 유방劉邦은 팽월彭越을 위나라 상국으로 제수하고 양나라를 평정하게 하는 임무를 주었다. 이에 위나라에서 초나라로 가는 군량보급로를 양나라에서 차단하여 항우의 전력에 막대한 지장을 초래하게 했다.

② 太公태공

신주 유방의 아버지다. 유방의 본명은 유계劉季인데, 초나라 패현沛縣 풍읍豐邑(현재 강소성 풍현)에서 태어났다. 유방의 부친은 이름을 남기지 못할 정도로 신분이 낮았다. 그래서 아보阿父, 혹은 유태공劉太公이라고 전한다. 모친은 유온劉媼이다.

③ 爲高俎置太公其上위고조치태공기상

집해 여순은 "고조高俎는 궤几가 높은 것이다."라고 했다. 이기는 "군중軍中의 소로巢櫓(망루) 쪽은 사람들이 조俎라고 이른다."고 했다.

【集解】 如淳曰 高俎 几之上 李奇曰 軍中巢櫓方面 人謂之俎也

색은 조俎(도마)는 또한 궤机(모탕)의 종류이다. 그래서 하후잠夏侯湛은《신론新論》에서 '궤机'에 대해서 "궤는 조俎와 같다."고 했다. 태공太公은 희생의 고기로 비교했다. 그래서 도마 위에 올려놓았다고 했다. 요

찰姚察이 상고해보니 《좌씨》에 "초楚나라 자작이 소거巢車에 올라서 진
晉나라의 군사를 바라보았다."라고 했다. 두예는 "수레 위가 로櫓(망루)
이다."라고 일렀다. 그래서 이씨李氏(이기)가 "군중軍中의 소로巢櫓(망루)
이다."라고 말한 것이다. 또 당시 사람들은 이를 인용해 또한 조俎라고
이른 것이다.

【索隱】 俎亦机之類 故夏侯湛新論爲机 机猶俎也 比太公於牲肉 故置之俎
上 姚察按 左氏 楚子登巢車以望晉軍 杜預謂 車上櫓也 故李氏云 軍中巢櫓
又引時人亦謂此爲俎也

정의 《괄지지》에는 "동광무성東廣武城에 높은 단壇이 있다. 곧 이것
이 항우가 태공을 도마 위에 앉힌 것인데, 지금은 항우퇴項羽堆(항우가
쌓은 언덕)라고 부르고 또 태공정太公亭이라고도 부른다."라고 했다. 안사
고는 "조俎란 고기를 올려놓는 것인데 삶으려는 뜻을 보인 것이다. 그래
서 도마 위에 올린 것이다."라고 했다.

【正義】 括地志云 東廣武城有高壇 卽是項羽坐太公俎上者 今名項羽堆 亦
呼爲太公亭 顏師古云 俎者 所以薦肉 示欲烹之 故置俎上

④ 爲高俎~吾烹太公위고조~오팽태공

신주 항우가 유방과의 싸움에서 군사들이 노둔해지고 군량미가 바
닥이 나자 심리적으로 조급함을 나타내고 있는 것이다.

⑤ 北面북면

신주 신하가 군주를 찾아 뵐 때는 북면하므로 신하가 되는 것을 일컫는다. 여기서는 홍문연^{鴻門宴}에서 북면했던 것을 상기한 것이다.

⑥ 翁옹

신주 '옹翁'은 '아버지父'의 뜻이다.

⑦ 約爲兄弟~則幸分我一桮羹약위형제~즉행분아일배갱

신주 유방은 항우가 아버지를 죽이지 못할 것이라는 심리적 상태를 파악하고 있음을 느끼게 한다. 태공을 삶아 끓인 국을 한 그릇 나누어 달라는 말로 여유를 보임으로써 더욱 항우의 심리를 위축시키고 있다.

항왕이 노해서 죽이려고 했다. 항백項伯이 말했다.
"천하의 일은 아직 알 수 없는데 다만 천하를 위하는 자는 집안을 돌보지 않으니 비록 죽여도 이익이 없고 다만 화禍만 더할 뿐이오."
항왕이 따랐다.
項王怒 欲殺之 項伯曰 天下事未可知 且爲天下者不顧家 雖殺之無益 只益禍耳 項王從之

초나라와 한나라가 오랫동안 서로 버텨 결판이 나지 않자 장정들은 군려軍旅에 괴롭고 노약자들은 물자 이동에① 피로했다. 항왕이 한왕에게 일러 말했다.

"천하가 여러 해 동안 흉흉했던 것은 모두 우리 두 사람 때문이다. 원컨대 한왕은 도전挑戰해② 자웅雌雄을 가려서 천하 백성의 아비와 아들들을 괴롭게 하지 말자."

한왕이 웃으면서 거절하며 말했다.

"나는 차라리 지혜를 다툴지언정 힘을 다투는 것은 능하지 못하오."

楚漢久相持未決 丁壯苦軍旅 老弱罷轉漕① 項王謂漢王曰 天下匈匈數歲者 徒以吾兩人耳 願與漢王挑戰②決雌雄 毋徒苦天下之民父子爲也 漢王笑謝曰 吾寧鬪智 不能鬪力

① 전조轉漕

신주 '전轉'은 수레로 이동하는 것이고, '조漕'는 배로 이동하는 것을 말한다.

② 挑戰도전

집해 이기는 "자신을 드러내어[挑] 홀로 싸우면서 다시는 무리를 기다리지 않는다."는 뜻이라고 했다. 挑의 발음은 '됴[荼了反]'이다. 신찬은 "도전挑戰은 희롱거리를 던져서 적에게 싸움을 거는 것인데 옛날에는 치사致師라고 일렀다."고 했다.

【集解】 李奇曰 挑身獨戰 不復須衆也 挑音荼了反 瓚曰 挑戰 擿嬈敵求戰 古謂之致師

항왕이 장사壯士에게 나가서 도전하게 했다. 한나라에는 말 잘 타고 활 잘 쏘는 누번樓煩이[1] 있었다. 초나라에서 싸움을 걸어 세 번을 겨뤘는데, 누번이 즉시 화살을 쏘아[2] 죽였다. 항왕이 크게 노해서 직접 갑옷을 입고 창을 집어서 싸움을 걸었다. 누번이 활을 쏘려고 했지만 항왕이 눈을 부릅뜨고 꾸짖자 누번은 감히 쳐다보지 못하고 손으로 활을 쏘지도 못하고는 드디어 성안으로 달려 들어와서 감히 다시는 나오지 못했다. 한왕이 사람을 시켜 몰래 물어보니 항왕이라고 했다. 한왕이 크게 놀랐다. 항왕이 이에 한왕과 서로 광무廣武[3] 사이에 임해서 논쟁을 벌였다.

項王令壯士出挑戰 漢有善騎射者樓煩[1] 楚挑戰三合 樓煩輒射[2]殺之 項王大怒 乃自被甲持戟挑戰 樓煩欲射之 項王瞋目叱之 樓煩目不敢視 手不敢發 遂走還入壁 不敢復出 漢王使人閒問之 乃項王也 漢王大驚 於是項王乃卽漢王相與臨廣武[3]閒而語

---

① 樓煩누번

응소는 "누번樓煩은 이민족[胡]이다. 지금의 누번현이다."라고
했다.

應劭曰 樓煩胡也 今樓煩縣

한나라 때 그가 사는 곳에 누번현을 설치했다. 지금의 산서성
山西省 영무현寧武縣이다.

② 輒射첩사

수즉遂卽과 같다.

③ 廣武광무

광무산이다. 당시 항우와 유방이 여러 달 대치했던 곳이다. 지
금의 하남성 형양시滎陽市 동북쪽에 위치하고 있다.

한왕이 역년曆年의 운수를 내놓자① 항왕이 화가 나서 일전一戰
을 벌이고자 했지만 한왕이 들어주지 않았다. 항왕이 감추어둔
쇠뇌로 한왕을 쏘아 적중시켰다. 한왕이 상처를 입고 달아나 성
고로② 들어갔다.
漢王數之① 項王怒 欲一戰 漢王不聽 項王伏弩射中漢王 漢王傷 走
入成臯②

① 漢王數之한왕수지

신주 '수數'는 역년의 운수를 말한다. 이때 유방이 항우의 10대 죄
상을 나열하고 구 왕조[西楚]가 교체되고 새로운 왕조[前漢]가 들어서는
선다는 운세를 들어 말했다. 이는 항우의 마음을 위축시키려는 심리전
의 하나로 볼 수 있지만 광무전투廣武戰鬪가 한승초패漢勝楚敗의 전환점
이 되고 앞날에 전개될 싸움양상을 예시하고 있는 것이다. 본서〈고조본
기高祖本紀〉에 자세하게 기록하고 있다.

② 成臯성고

신주 지금의 하남성 형양시의 서쪽에 위치한다. 유방이 광무에서
항우의 쇠뇌를 맞고 도망한 곳이 이곳인데, 이곳에서도 뒤쫓아 온 항
우와 대치했다. 광무산과 성고에서 초楚나라와 대치한 기간이 2년 5개
월이다.

항왕은 회음후淮陰侯가[①] 이미 하북을 빼앗았고 제나라와 조나라를 쳐부수고서 장차 초나라를 공격하려 한다는 소식을 듣고 용저龍且에게[②] 가서 공격하게 했다. 회음후가 용저와 함께 싸우는데 기장騎將 관영灌嬰이 그를 공격해서 초나라 군대를 크게 쳐부수고 용저를 죽였다. 한신韓信이 이에 스스로 서서 제왕齊王이 되었다.

項王聞淮陰侯[①]已擧河北 破齊 趙 且欲擊楚 乃使龍且[②]往擊之 淮陰侯與戰 騎將灌嬰擊之 大破楚軍 殺龍且 韓信因自立爲齊王

① 淮陰侯회음후

신주　한신韓信을 가리킨다. 이 당시는 회음후에 봉해지지 않았을 때이다.

② 且저

집해　위소는 "且를 '져[子閭反]'로 발음한다."라고 했다.
【集解】韋昭曰 音子閭反

항왕은 용저의 군대가 격파 당했다는 소식을 듣고 두려워서 후
이盱台① 사람 무섭武涉에게② 가서 회음후를 설득하게 했다. 회
음후가 듣지 않았다. 이때 팽월이 다시 배반하고 양梁 땅을 함락
시켜 초나라의 군량미를 단절시켰다. 항왕이 이에 해춘후海春侯
대사마 조구曹咎③ 등에게 일러 말했다.

"성고成皐를 잘 지키고 한나라에서 싸움을 걸어와도 싸우지 말고
한나라 군사가 동쪽으로 가지 못하게 하라. 나는 15일이면 반드
시 팽월을 주살해서 양梁 땅을 안정시키고 다시 장군을 쫓겠다."
이에 동쪽으로 가서 진류陳留와④ 외황外黃을 공격했다.

項王聞龍且軍破 則恐 使盱台①人武涉②往說淮陰侯 淮陰侯弗聽 是
時 彭越復反 下梁地 絕楚糧 項王乃謂海春侯大司馬曹咎③等曰 謹
守成皐 則漢欲挑戰 慎勿與戰 毋令得東而已 我十五日必誅彭越 定
梁地 復從將軍 乃東 行擊陳留④ 外黃

① 盱台후이

정씨鄭氏는 "盱台는 후이煦怡로 발음한다."고 했다. 지금의 강
소성江蘇省 우태현盱胎縣이다. 우태라고도 한다.

② 武涉무섭

우태(지금의 강소성 우이현) 사람이며, 항우의 책사이다.

③ 曹咎조구

한초 때 서초西楚의 장령이다. 진나라 말기에 기현蘄縣의 옥리로 있으면서 항량項梁과 교분을 맺었다. 항량이 역양현櫟陽縣에서 감옥에 갇혔는데, 조구가 역양현의 옥리로 있던 사마흔司馬欣에게 편지를 보내 그가 풀려나도록 했다. 후에 항량의 뒤를 이은 항우의 부하가 되어 대사마의 직위와 함께 해춘후海春侯에 봉해졌다.

④ 陳留진류

《괄지지》에는 "진류陳留는 변주현汴州縣이다. 변주 동쪽 50리에 있는데 본래는 한漢나라 진류군陳留郡과 진류현의 땅에 있었다."고 했다. 맹강은 "류留는 정鄭나라의 읍이다. 뒤에 진陳나라에서 병합했다. 그래서 진류陳留라고 한다."라고 했다. 신찬은 또 상고해보니 "송宋나라에 류留가 있는데 팽성彭城의 류가 이곳이다. 이곳의 류는 진陳에 소속한다. 그래서 진류陳留라"고 한다.

【正義】 括地志云 陳留 汴州縣也 在州東五十里 本漢陳留郡及陳留縣之地 孟康云 留 鄭邑也 後爲陳所幷 故曰陳留 臣瓚又按 宋有留 彭城留是也 此留屬陳 故曰陳留

외황이 함락되지 않았다. 며칠 후에 항복하자 항우는 화가 나서 열다섯 살 이상의 남자들을 성의 동쪽으로 보내 모두 묻어 죽이려 했다. 외황 현령의 사인舍人(귀족 가문의 문객)의 아들이① 나이가 열세 살이었는데 그가 가서 항우를 설득해 말했다.

"팽월이 강제로 외황을 겁박해② 외황 사람들은 두려워했습니다. 그래서 항복하고 대왕을 기다렸습니다. 대왕께서 이르셨는데 또 모두 묻어 죽인다면 백성들이 어찌 왕에게 돌아갈 마음이 있겠습니까? 여기부터 동쪽으로 양梁 땅에 10여 개의 성들이 다 두려워하고 즐겨 항복하려고 하지 않을 것입니다."

항왕이 그 말을 옳다고 여겨서 외황에서 매장하려던 자들을 사면해주었다. 동쪽 수양睢陽에③ 이르기까지 소식을 듣고 모두 다투어 항왕에게 항복했다.

外黃不下 數日 已降 項王怒 悉令男子年十五已上詣城東 欲阬之 外黃令舍人兒①年十三 往說項王曰 彭越彊劫②外黃 外黃恐 故且降 待大王 大王至 又皆阬之 百姓豈有歸心 從此以東 梁地十餘城皆恐 莫肯下矣 項王然其言 乃赦外黃當阬者 東至睢陽③ 聞之皆爭下項王

① 外黃令舍人兒외황령사인아

집해 소림은 "현령縣令의 사인舍人 아이다."라고 했다. 신찬은 "아이라고 일컬은 것은 그가 어리고 약하다는 뜻이다. 그래서 그의 아버지와

연계시킨 것이니 《춘추전》에 '잉숙仍叔의 아들'이라고 말한 것이 이것이
다."라고 했다.

【集解】 蘇林曰 令之舍人兒也 瓚曰 稱兒者 以其幼弱 故係其父 春秋傳曰
仍叔之子 是也

② 彊강

정의　彊은 '걍[其兩反]'으로 발음한다.

【正義】 彊 其兩反

③ 睢陽수양

정의　《괄지지》에는 '송주宋州의 외성은 본래 한漢의 수양현睢陽縣이
다.'라고 했다. 〈지리지〉에는 '수양현은 옛 송국宋國이라.'고 했다.

【正義】 括地志云 宋州外城本漢睢陽縣也 地理志云睢陽縣 故宋國也

한군漢軍이 과연 자주 초군楚軍에게 싸움을 걸었지만 초나라 군
사들은 출동하지 않았다. 사람들을 시켜 모욕을 한 지 5~6일,
대사마가 노해 군사들에게 사수汜水를^① 건너게 했다. 사졸들이
절반을 건넜을 때 한나라가 공격해 초나라 군대를 크게 쳐부수
고 초국楚國의 재물들과 보물들을 모두 가졌다.

漢果數挑楚軍戰 楚軍不出 使人辱之 五六日 大司馬怒 渡兵汜水^①
士卒半渡 漢擊之 大破楚軍 盡得楚國貨賂

① 汜水사수

집해 장안張晏은 "사수汜水는 제음濟陰의 경계에 있다."고 했다. 여
순은 "汜는 '사祀'로 발음한다."고 했다. 《좌전》에는 '정나라 땅 사汜에
서 시골생활을 하고 있다.'고 했다. 신찬은 "고조高祖가 조구를 성고成皋
에서 공격할 때 사수를 건너서 싸웠는데 지금의 성고성 동쪽 사수가 이
곳이다."라고 했다.

【集解】 張晏曰 汜水在濟陰界 如淳曰 汜音祀 左傳曰 鄙在鄭地汜 瓚曰 高
祖攻曹咎成皋 渡汜水而戰 今成皋城東汜水是也

색은 상고해보니 지금 이 물이 보이는데 이름이 사수이고, 발음은
사似이다. 장안은 제음濟陰에 있다고 했는데 또한 완전한 실수는 아니
다. 상고해보니 옛날 제수濟水는 마땅히 이 하수를 끊어서 남쪽으로 흐

르다가 또 동쪽으로 흘러넘쳐 형택榮澤이 되었다. 그러나 물의 남쪽을 음陰이라고 하는데 이 또한 제수濟水의 음에 있지만 저 제음군濟陰郡이 아닐 뿐이다. 신찬의 설명이 옳다.

【索隱】 按 今此水見名汜水 音似 張晏云 在濟陰 亦未全失 按 古濟水當此 截河而南 又東流 溢爲榮澤 然水南曰陰 此亦在濟之陰 非彼濟陰郡耳 臣瓚 之說是

정의 《괄지지》에는 '사수汜水의 근원은 낙주洛州 사수현 동남쪽 32 리 방산方山에서 나온다.'고 했다. 《산해경》에는 '부희산浮戲山에서 사수 가 나온다.'고 했다.

【正義】 括地志云 汜水源出洛州汜水縣東南三十二里方山 山海經云 浮戲 之山 汜水出焉

대사마 조구曹咎, 장사 동예董翳, 새왕塞王 사마흔이 모두 사수 위에서 스스로 목을 베고 죽었다.[①] 대사마 조구는 옛날 기蘄 땅의 옥연獄掾이었고, 사마흔 또한 옛날 역양櫟陽의 옥리獄吏였는데 두 사람은 일찍이 항량項梁에게 덕을 베풀었기 때문에 항량이 신임했다. 이때 항왕은 수양睢陽에 있었는데 해춘후海春侯(조구)의 군대가 무너졌다는 소식을 듣고 군사들을 이끌고 돌아갔다. 한나라의 군사는 바야흐로 종리말鍾離昧을[②] 형양 동쪽에서 포위하고 있었는데 항왕이 이르자 한군漢軍은 초나라가 두려워 험난한 곳으로 모두 달아났다.

大司馬咎 長史翳 塞王欣皆自剄[①]汜水上 大司馬咎者 故蘄獄掾 長史欣亦故櫟陽獄吏 兩人嘗有德於項梁 是以項王信任之 當是時 項王在睢陽 聞海春侯軍敗 則引兵還 漢軍方圍鐘離昧[②]於滎陽東 項王至 漢軍畏楚 盡走險阻

① 剄경

정씨鄭氏는 "剄은 '경[經鼎反]'으로 발음한다. 칼로 목[頸]을 자르는 것이 경剄이다."라고 했다.

【集解】 鄭氏曰 剄音經鼎反 以刀割頸爲剄

② 昧말

《한서음의》에는 "眛는 '말末'로 발음한다."고 했다.

【集解】 漢書義曰 眛音末

신주 《사기》나 《한서》 원문과 주석에는 '매眛'가 아닌 '말眛'로 기술되어 있다. 본서도 종리말鍾離眛(?~서기전 201)로 기술하였다. 종리말은 진나라 말기 항우의 부장으로 초한전쟁 시 범증范增 · 용저龍且 · 주은周殷과 함께 항우에게 신임이 매우 두터운 관계였다. 또한 한신과 친한 친구 사이로 한신을 여러 차례 천거했으나 항우는 중용하지 않았다. 그러나 후에 유방이 한고조가 된 후 종리말은 한신에게 의탁하게 되었고, 이를 안 유방이 노하여 소환하자 한신의 교활한 가신이 종리말의 목을 베어 가야 의심을 풀 수 있다고 했다. 한신이 종리말에게 이 이야기를 하자, 내 목을 가지고 고조에게 가겠다면 당장 내 손으로 자르겠다며 자결하였다. 결국 한신은 유방에게 포박당하고 후에 강등 당하여 회음후가 되었다.

이때 한나라의 병사들은 성대한 식사를 자주 했지만 항왕의 군사들은 군량미가 떨어진데다 피로해 있었다. 한나라에서 육가陸賈를^① 보내서 항왕을 설득해서 태공을 보내달라고 요청했지만 항왕은 들어주지 않았다. 한왕이 다시 후공侯公을^② 보내서 항왕을 설득하기를, '항왕이 한나라와 약조해서 천하를 반으로 나누어 홍구鴻溝 서쪽은 한나라가 다스리고,^③ 홍구의 동쪽은 초나라가 다스리자'고 했다. 항왕이 허락하고 곧 한왕의 부모와 처자식을 돌려보내니 군에서 모두 만세를 불렀다. 한왕이 이에 후공侯公을 봉해 평국군平國君으로 삼았다. 그러나 몸을 감추고 즐겨 다시 만나려고 하지 않았다. 이에 말했다.

"이는 천하의 변사辯士이며 거처하는 나라를 기울어지게 할 것이다. 그래서 평국군平國君이라고^④ 한 것이다."

항왕이 이미 약조한대로^⑤ 군사를 이끌어 포위를 풀고 동쪽으로 돌아갔다.

是時 漢兵盛食多 項王兵罷食絕 漢遣陸賈^①說項王 請太公 項王弗聽 漢王復使侯公^②往說項王 項王乃與漢約 中分天下 割鴻溝以西者爲漢^③ 鴻溝而東者爲楚 項王許之 卽歸漢王父母妻子 軍皆呼萬歲 漢王乃封侯公爲平國君 匿弗肯復見 曰 此天下辯士 所居傾國 故號爲平國君^④ 項王已約^⑤ 乃引兵解而東歸

① 陸賈육가

신주 전한의 학자이며 정치가이다. 초楚나라 사람으로 고조를 섬겨 태중대부太中大夫가 되었고, 여씨呂氏의 난에 유씨劉氏를 도와 한나라 왕실을 지켰다. 저서로《신어新語》,《초한춘추楚漢春秋》가 있다.

② 侯公후공

신주 한왕의 휘하에서 변사辯士이다. 유방의 명命으로 항우를 찾아가 인질로 잡혀있던 태공과 처자를 구원했다. 이 소문을 들은 세상 사람들이 "그는 참으로 천하의 변사辯士다. 그가 있는 곳이면 그의 변설辯舌로 인해 나라가 기울어진다." 이 말을 들은 한왕 유방은 경국傾國의 반대인 평국平國이라는 글자를 따서 평국군平國君이라는 칭호를 주었다. 당시 사람들은 그에게 '삼촌설三寸舌'을 가지고 있다고 했다.

③ 鴻溝以西者爲漢홍구이서자위한

집해 문영은 "형양滎陽 아래에서 하수[황하]의 동남쪽까지 늘인 곳이 홍구鴻溝인데 송宋, 정鄭, 진陳, 채蔡, 조曹, 위魏와 통하며, 제濟·여汝·회淮·사수泗水와 함께 초楚에 모이는데 곧 지금의 관도수官渡水이다." 라고 했다.

【集解】 文穎曰 於滎陽下引河東南爲鴻溝 以通宋 鄭 陳 蔡 曹 衞 與濟 汝 淮 泗會於楚 即今官渡水也

정의 응소는 "형양 동쪽 20리에 있다."고 했다. 장화張華는 "대량성

大梁城은 준의현浚儀縣 북쪽에 있는데 현의 서북쪽 개천渠水이 동쪽으로 흘러 이 성 남쪽을 지난다. 또 북쪽으로 굽어져서 2개의 개천이 된다. 그 하나의 개천은 동남쪽으로 흐르는데, 진시황이 땅을 파서 하수의 물을 끌어서 대량大梁에 물을 댄 것을 홍구鴻溝라고 이른다. 초楚와 한漢이 이곳에서 회합했다. 그 하나의 개천은 동쪽으로 양무현梁武縣 남쪽을 경유해서 관도수官渡水가 된다."고 했다. 상고해보니 장화張華의 이 설명이 옳다.

【正義】 應劭云 在滎陽東二十里 張華云 大梁城在浚儀縣北 縣西北渠水東 經此城南 又北屈分爲二渠 其一渠東南流 始皇鑿引河水以灌大梁 謂之鴻 溝 楚漢會此處也 其一渠東經陽武縣南 爲官渡水 按 張華此說是

④ 平國君평국군

정의 《초한춘추楚漢春秋》에는 "임금이 봉하려고 하자 이에 기꺼이 만났다. 이때 이르기를 '이 천하의 변사辯士가 거주하는 나라는 기울어진다. 그래서 평국군平國君이라'는 칭호를 내렸다."라고 했다. 상고해보니 태공太公과 여후呂后를 돌려보내게 설득해서 나라를 평화롭게 할 수 있었다고 했다.

【正義】 楚漢春秋云 上欲封之 乃肯見 曰 此天下之辨士 所居傾國 故號曰 平國君 按 說歸太公 呂后 能和平邦國

⑤ 項王已約항왕이약

신주 　유방이 홍구의 서쪽을, 항우가 홍구의 동쪽을 차지하기로 한 조약을 말한다. 그러나 이 조약을 맺을 때는 이미 한신이 제나라 땅을 차지하여 스스로 제왕齊王에 올랐고, 한신의 별장 관영에게 노魯의 북쪽에서 초나라 장공莊公 고故를 공격하게 하고, 회수를 건너니 그곳의 성읍城邑들이 모두 투항하였다. 광릉廣陵에 이르니 하비下邳도 항복하였다. 또 평양平陽에서는 기병들을 격파하였고, 마침내 팽성彭城마저 투항하였다. 이미 이렇게 된 상황이었기 때문에 항우는 홍구를 기준으로 땅을 가르는 조약을 맺지 않을 수 없었던 것이다.

제3장

절정에서 몰락하다

항왕이 사면초가에 빠지다

한왕이 서쪽으로 돌아가려고 하자 장량張良과 진평陳平이 한왕을 설득해서 말했다.

"한나라는 천하의 태반을[1] 가진데다 제후들도 모두 의지하여 따르고 있습니다. 초나라 군사는 피로한데다 군량미도 다했으니 이것은 하늘이 초나라를 망하게 하려는 때입니다. 이 기회를 쫓아서 취하는 것만 못할 것입니다. 지금 놓아주고 공격하지 않는다면 이것이 이른바 '호랑이를 길러 스스로 근심거리를 남겨둔다[養虎自遺患]'[2]라고 하는 것입니다."

한왕이 이를 따랐다.

漢欲西歸 張良 陳平說曰 漢有天下太半[1] 而諸侯皆附之 楚兵罷食盡 此天亡楚之時也 不如因其機而遂取之 今釋弗擊 此所謂養虎自遺患也[2] 漢王聽之

① 太半태반

[집해] 위소는 "무릇 수에서 3분의 2를 가지면 태반太半이 되고 3분의 1을 가지면 소반少半이다."라고 했다.
【集解】 韋昭曰 凡數三分有二爲太半 一爲少半

② 養虎自遺患양호자유환

[정의] 遺는 '예[唯季反]'로 발음한다.
【正義】 遺 唯季反

[신주] 호랑이를 길러 근심을 남긴다는 뜻으로 남의 사정을 봐 주었다가 나중에 도리어 화를 입게 된다는 것을 비유하는 말로 쓰인다. 양호유환養虎遺患이라고도 한다.

한나라 5년(서기전 202), 한왕이 이에 항왕을 추격해 양하陽夏^① 남쪽에 이르러 군사들을 정지시키고 회음후 한신, 건성후建成侯 팽월과 함께 모여서 초군을 공격하기로 약속했다. 고릉固陵에^② 이르렀는데 한신과 팽월의^③ 군대가 약속 장소에 도착하지 않았다. 초나라에서 한군漢軍을 공격해 크게 쳐부수었다. 한왕이 다시 성벽으로 들어가 깊게 참호를 파고 스스로 수비했다. 장자방 張子房(장량)에게 일러 말했다.

"제후들이 약속을 따르지 않는데 어찌 하면 되겠는가?"

장자방이 대답했다.

"초나라 군사가 장차 무너지려 하지만 한신과 팽월은 토지를 나누어 가지지 않았으니 그들이 이르지 않은 것은 진실로 마땅한 것입니다. 군왕께서 천하를 같이 나누실 수 있다면 지금 곧 도달할 것입니다. 곧바로 시행하지 않는다면 앞으로의 일은 알지 못할 것입니다. 군왕께서는 진陳 땅부터 동쪽 바다까지^④ 다 한신에게 주고 수양睢陽에서 북쪽으로 곡성穀城까지는 팽월에게 주실 수 있습니다. 각자 스스로를 위해 싸우게 한다면^⑥ 초나라는 쉽게 무너질 것입니다."

한왕이 말했다.

"좋소."

漢五年 漢王乃追項王至陽夏^①南 止軍 與淮陰侯韓信 建成侯彭越期 會而擊楚軍 至固陵^② 而信 越^③之兵不會 楚擊漢軍 大破之 漢王復入 壁 深塹而自守 謂張子房曰 諸侯不從約 爲之柰何 對曰 楚兵且破 信 越未有分地 其不至固宜 君王能與共分天下 今可立致也 卽不能 事 未可知也 君王能自陳以東傅海^④ 盡與韓信 睢陽以北至穀城 以與彭 越 使各自爲戰^⑥ 則楚易敗也 漢王曰 善

① 陽夏양하

여순은 "夏는 '가賈'로 발음한다."고 했다.
【集解】 如淳曰 夏音賈

정의 《괄지지》에는 "진주陳州 태강현太康縣은 본래 한漢나라의 양하현陽夏縣이다."라고 했다. 《속한서군국지續漢書郡國志》에는 "양하현은 진국陳國에 소속되었다."고 했다. 상고해보니 태강현성太康縣城은 하후夏后인 태강이 건축한 곳으로서 수隋에서 양하를 태강으로 고쳤다.
【正義】 括地志云 陳州太康縣 本漢陽夏縣也 續漢書郡國志云 陽夏縣屬陳國 按 太康縣城夏后太康所築 隋改陽夏爲太康

② 固陵고릉

집해 서광은 "양하에 있다."고 했다. 배인이 상고해보니 진작은 "곧 고시固始이다."라고 했다.
【集解】 徐廣曰 在陽夏 駰案 晉灼曰 卽固始也

정의 《괄지지》에는 "고릉은 현 이름이다. 진주陳州 완구현宛丘縣 서북쪽 42리에 있다."고 했다.
【正義】 括地志云 固陵 縣名也 在陳州宛丘縣西北四十二里

③ 信越신월

집해　이기는 "한신이나 팽월 등은 토지를 나누어 받지 못했다."고 했다. 위소는 "한신 등이 비록 명칭은 왕이 되었지만 토지의 경계를 그어서 가진 것이 없었다."라고 했다.

【集解】 李奇曰 信 越等未有益地之分也 韋昭曰 信等雖名爲王 未有所畫經界

④ 陳以東傅海진이동부해

정의　傅는 '부附'로 발음하는데 '붙이다[著]'의 뜻이다. 진陳은 곧 진주陳州로서 옛날 진국陳國의 도읍이다. 진에서부터 바다까지 제齊의 옛 땅을 아울러 다 제왕齊王 한신韓信에게 주었다.

【正義】 傅音附 著也 陳卽陳州 古陳國都也 自陳著海 幷齊舊地 盡與齊王韓信也

⑤ 睢陽以北至穀城수양이북지곡성

정의　《괄지지》에는 "곡성穀城은 제주濟州 동아현東阿縣 동쪽 26리에 있다."고 했다. 수양은 송주이다. 송주로부터 북쪽으로 제주濟州 곡성 사이에 황하에 이르는 땅을 모두 상국相國 팽월에게 주었다.

【正義】 括地志云 穀城故在濟州東阿縣東二十六里 睢陽 宋州也 自宋州以北至濟州穀城際黃河 盡與相國彭越

⑥ 爲戰위전

【正義】 爲 于僞反

이에 사신을 보내 한신과 팽월에게 고해 말했다.

"힘을 합쳐 초나라를 공격하라. 초나라를 무너뜨리면 진陳 땅부터 동쪽 바다까지는 제왕에게 줄 것이고, 수양에서 북쪽 곡성까지는 팽상국彭相國에게 줄 것이다."

사자가 이르러서 한신과 팽월에게 다 말했다.

"지금 진군하기를 청합니다."

한신이 이에 제齊를 따라 가고 유가劉賈의 군대도 수춘壽春을 따라서 함께 공격해서 성보城父를 도륙하고① 해하垓下에② 이르렀다. 대사마 주은周殷이③ 초나라를 배반하고 서현舒縣의④ 군사로 육현六縣을 도륙하고 구강九江의⑥ 군사를 일으켜 유가와 팽월을 따라 모두 해하에 집결해 항왕이 있는 곳까지 이르렀다.

於是乃發使者告韓信 彭越曰 并力擊楚 楚破 自陳以東傅海與齊王 睢陽以北至穀城與彭相國 使者至 韓信 彭越皆報曰 請今進兵 韓信乃從齊往 劉賈軍從壽春並行 屠城父① 至垓下② 大司馬周殷③叛楚以舒④屠六⑤ 舉九江⑥兵 隨劉賈 彭越皆會垓下 詣項王

① 並行屠城父병행도성보

집해 여순은 "병행並行은 아울러 공격하는 것이다."라고 했다.

【集解】 如淳曰 並行 並擊之

정의 父는 '보甫'로 발음한다. 수주壽州는 수춘현壽春縣이다. 성보城父는 박주현亳州縣이다. 도屠는 형벌로 죽임이 많은 것을 이른다. 유가劉賈가 쳐들어가서 수주를 포위하고 군사를 이끌고 회북淮北을 지나서 박주亳州와 성보를 도살하고 동북쪽으로 해하에 이르렀다.

【正義】 父音甫 壽州壽春縣也 城父 亳州縣也 屠謂多刑殺也 劉賈入圍壽州 引兵過淮北 屠殺亳州 城父 而東北至垓下

② 垓下해하

집해 서광은 "패沛의 효현洨縣에 있다. 효洨는 '효[下交切]'로 발음한다."고 했다. 배인이 상고해보니 응소는 "垓는 '해該'로 발음한다."고 했다. 이기는 "패沛의 효현洨縣은 마을의 이름을 딴 것이다."라고 했다.

【集解】 徐廣曰 在沛之洨縣 洨 下交切 駰案 應劭曰 垓音該 李奇曰 沛洨縣 聚邑名也

색은 장읍張揖의 《삼창주三蒼注》에는 "해垓는 제방 이름인데 패군沛郡에 있다."고 했다.

【索隱】 張揖三蒼注云 垓 堤名 在沛郡

정의 상고해보니 해하는 높은 언덕의 절벽 바위인데 지금의 높이는

3~4장丈과 같고 그 취읍聚邑(마을)과 제방이 해垓의 곁에 있기 때문에 이름으로 취했다. 지금 박주亳州 진원현眞源縣 동쪽 10리에 있으며 노군묘老君廟와 서로 접해 있다. 효洨는 발음이 '효[戶交反]'이다.

【正義】 按 垓下是高岡絕巖 今猶高三四丈 其聚邑及堤在垓之側 因取名焉 今在亳州眞源縣東十里 與老君廟相接 洨音戶交反

신주 해하는 지금의 안휘安徽성 영벽현靈璧縣 성城 남쪽 타하沱河 북안北岸에 있다.

③ 周殷주은

신주 초한 전쟁 때 서초西楚의 대사마였다. 한나라 유방이 홍구지약鴻溝之約을 파기하고 초나라 군사를 공격하여 고릉高陵에서 초군을 격파하였다. 한군의 장령 영포英布와 유가의 권유로 그는 한에 투항하였고, 영포, 유가와 함께 북벌北伐하여 수춘壽春과 성보를 취했다. 또 성보에 있는 성城을 도륙하고 해하에 들어가 항우를 공격하였다. 한조漢朝가 성립된 이후의 생애는 자세하지 못하다.

④ 舒서

신주 서현舒縣. 지금의 안휘성安徽省 노강현盧江縣의 동남쪽에 있다.

⑤ 以舒屠六이서도육

집해 　여순은 "서현舒縣의 무리로 육현六縣을 도륙하고 쳐부수었다."
고 했다.

【集解】　如淳曰 以舒之衆屠破六縣

정의 　《괄지지》는 "서현은 여강廬江의 옛 서성舒城이 이곳이다. 옛 육
성六城은 수주壽州 안풍安豐현 남쪽 132리에 있다. 성은 언匽인데, 구요
咎繇의 후예다."라고 했다. 상고해보니 주은周殷이 초나라를 배반하고
아울러 구강九江의 군사를 일으켜 유가劉賈를 따라서 해하에 이르렀다.

【正義】　括地志云 舒 今廬江之故舒城是也 故六城在壽州安豐南百三十二
里 匽姓 咎繇之後 按 周殷叛楚 兼舉九江郡之兵 隨劉賈而至垓下

⑥ 九江구강

정의 　구강군九江郡은 수주壽州이다. 초楚 고열왕高烈王 22년에 진陳
에서 수춘壽春으로 이사하고 영郢이라고 불렀다. 왕부추王負芻 때 이르
러 진秦나라 장수인 왕전王翦과 몽무蒙武에게 멸망당해 이에 구강군九
江郡을 두었다. 응소는 "여강廬江의 심양尋陽에서 나뉘어 구강九江이 되
었다."고 했다.

【正義】　九江郡壽州也 楚考烈王二十二年 自陳徙壽春 號云郢 至王負芻爲
秦將王翦 蒙武所滅 於此置九江郡 應劭云 自廬江尋陽分爲九江

항왕의 군대는 해하에 방벽을 쌓고 진을 쳤는데 군사는 적고 식량은 다 떨어졌으며 한군漢軍과 제후의 군사들이 여러 겹으로 포위했다. 한밤중에 한나라 군영의 사방에서 모두 초가楚歌(초나라 노래)① 소리가 들리자 항왕이 크게 놀라서 말했다.

"한나라에서 초나라를 이미 모두 빼앗았단 말인가? 어찌 초나라 사람들이 이다지도 많단 말인가?"

항왕이 한밤중에 일어나 장막 안에서 술을 마셨다. 항왕에게는 미인이 있었는데 이름이 우虞였다.② 항상 총애를 받으며 따라다녔다. 준마駿馬의 이름은 추騅였는데③ 항상 타고 다녔다. 이에 항왕은 강개해서 비가悲歌를 부르며 스스로 시를 지었다.

"힘은 산을 뽑고, 기개는 세상을 덮건만 시세가 불리함이여, 추騅가 나가지 않네. 추騅가 나가지 않으니 어찌할 것인가? 우여! 우여! 그대를 어찌 할 것인가!"

항왕이 여러 차례 노래를 마치고 우미인도 화답했다.④ 항왕이 몇 차례 눈물을 흘리자⑤ 좌우가 다 울면서 쳐다보지도 못했다.

項王軍壁垓下 兵少食盡 漢軍及諸侯兵圍之數重 夜聞漢軍四面皆楚歌① 項王乃大驚曰 漢皆已得楚乎 是何楚人之多也 項王則夜起飮帳中 有美人名虞② 常幸從 駿馬名騅③ 常騎之 於是項王乃悲歌忼慨 自爲詩曰 力拔山兮氣蓋世 時不利兮騅不逝 騅不逝兮可柰何 虞兮虞兮柰若何 歌數闋 美人和之④ 項王泣數行下⑤ 左右皆泣 莫能仰視

① 楚歌초가

집해 응소는 "초가楚歌는 계명가雞鳴歌(닭 우는 노랫소리)이다. 한漢나라에서 이미 그 땅을 얻었으니, 초가라는 것은 많은 닭이 울 때 노래라는 것이다."라고 했다.

【集解】 應劭曰 楚歌者 謂雞鳴歌也 漢已略得其地 故楚歌者多雞鳴時歌也

정의 안사고는 "초楚나라 사람의 노래로서 오히려 '오구吳謳(오나라 노래)', '월음越吟(월나라 노래)'과 같은 것이다. 닭 울음[雞鳴]을 노래 이름으로 삼는 것은 이치에 합당하지만 '닭이 울 때[雞鳴時]'라고 이르는 것은 합당하지 않다. 고조高祖의 척부인戚夫人이 초나라의 춤을 추면서 스스로 초나라의 노래를 한 것이 어찌 또한 닭이 울 때였겠는가?"라고 했다. 상고해보니 안사고의 설명이 옳다.

【正義】 顏師古云 楚人之歌也 猶言吳謳 越吟 若雞鳴爲歌之名 於理則可 不得云 雞鳴時》也 高祖戚夫人楚舞 自爲楚歌 豈亦雞鳴時乎 按 顏說是也

신주 초가楚歌는 초나라 땅에서 불리어지던 민간 가요이다. 여기에서 사면초가四面楚歌라는 성어가 유래되었다. 도움이나 지지를 누구에게도 받을 수 없을 정도로 고립된 상황에 놓이게 된 것을 비유한다.

② 虞우

집해 서광은 "일설에는 성姓이 우씨虞氏이다."라고 했다.

초한전투

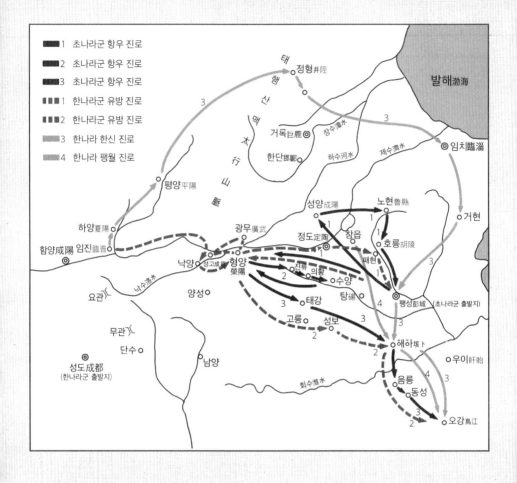

초한전투 지도

범례:
- 1 초나라군 항우 진로
- 2 초나라군 항우 진로
- 3 초나라군 항우 진로
- 1 한나라군 유방 진로
- 2 한나라군 유방 진로
- 3 한나라 한신 진로
- 4 한나라 팽월 진로

【참고문헌】

司馬遷,《史記》<項羽本紀><高祖本紀>

【集解】 徐廣曰 一云姓虞氏

정의 《괄지지》에는 "우희묘虞姬墓는 호주濠州 정원현定遠縣 동쪽 60리에 있다."고 했다. 장로長老(마을의 노인들)들이 전하기는 "항우의 미인총美人冢이다."라고 했다.

【正義】 括地志云 虞姬墓在濠州定遠縣東六十里 長老傳云項羽美人冢也

신주 우희虞姬(?~서기전 202년 9월)는 우미인虞美人이라고도 불린다. 오중吳中(현재의 강소성 소주蘇州)에서 출생했다. 항우 진중의 장수 우자기虞子期의 누이로서 아름답고 무예를 좋아해서 항우의 부인이 되었다. 사후에 해하에 매장되었는데 현재의 안휘安徽성 영벽현靈璧縣 성성城 동쪽 15리에 무덤이 있다. 항우와 우희의 이야기는 수많은 시인묵객들의 단골 소재가 되었는데, 북송 시인 소식蘇軾은 '우희묘虞姬墓'란 시를 지었다. 특히 그를 묘사한 경극京劇 '패왕별희霸王別姬'는 전 세계적으로 유명하다.

③ 騅추

정의 발음은 '추隹'다. 고야왕顧野王은 "추는 청백색青白色이라."고 했다. 《석축釋畜》에는 "창백蒼白(푸르고 흰색)에 잡모雜毛가 섞인 것이 추騅이다."라고 했다.

【正義】 音隹 顧野王云青白色也 釋畜云 蒼白雜毛 騅也

신주　다른 판본에는 騅를 '가佳'라고 한 것도 있다. 추騅는 원래 검푸른 털에 흰 털이 섞인 오추마烏騅馬를 뜻한다.

④ 美人和之미인화지

정의　화和의 발음은 '화[胡臥反]'이다. 《초한춘추楚漢春秋》에는 "우미인의 노래는 '한나라 군사가 이미 땅을 빼앗았으니 사방이 초나라 노랫소리네. 대왕의 의기意氣가 다했는데 천첩賤妾이 어찌 편안히 살겠습니까?"라고 했다.

【正義】 和音胡臥反 楚漢春秋云 歌曰 漢兵已略地 四方楚歌聲 大王意氣
盡 賤妾何聊生

신주　항우와 우희의 노래를 '해하가垓下歌'라고 한다.

⑤ 項王泣數行下항왕읍수행하

정의　數는 '슈[色庾反]'로 발음한다. 行은 '항[戶郎反]'으로 발음한다.
【正義】 數 色庾反 行 戶郎反

이에 항왕이 말에 올라타자① 휘하에서② 말을 타고 따르는 자들
이 800여 명이었다. 그날 밤 포위를 무너뜨리고 남쪽으로 나가
말을 치달려 도주했다. 날이 밝자 한나라 군사들은 이를 알아차
리고 기장騎將 관영灌嬰에게 5,000여 기병으로 추격하게 했다.
항왕은 회수를 건넜는데 말을 타고 뒤따른 자들은③ 100여 명뿐
이었다. 항왕이 음릉陰陵에④ 이르러 길을 잃고 헤매다 밭가는 농
부 한 사람에게 길을 물었다. 밭을 갈 던 농부가 속여서⑤ 말했다.
"왼쪽입니다."
그래서 왼쪽으로 가다가 큰 연못 가운데로 빠졌다. 이 때문에
한나라의 추격군이 따라 붙었다.

於是項王乃上馬騎① 麾下②壯士騎從者八百餘人 直夜潰圍南出 馳
走 平明 漢軍乃覺之 令騎將灌嬰以五千騎追之 項王渡淮 騎能屬③
者百餘人耳 項王至陰陵④ 迷失道 問一田父 田父紿⑤曰左 左 乃陷大
澤中 以故漢追及之

① 騎기

정의 騎는 '기[其倚反]'로 발음한다. 무릇 혼자 탄 것을 기騎라고 한
다. 뒤에도 동일하다.
【正義】 其倚反 凡單乘曰騎 後同

② 麾下휘하

| 정의 | 휘麾는 또한 희戲로도 되어 있고 '휘[呼危反]'의 발음과 같다. |

【正義】 麾亦作戲 同呼危反

③ 屬촉

| 정의 | 屬은 '촉燭'으로 발음한다. |

【正義】 屬音燭

④ 陰陵음릉

| 집해 | 서광은 "회남淮南에 있다."고 했다. |

【集解】 徐廣曰 在淮南

| 정의 | 《괄지지》에는 "음릉현陰陵縣의 고성은 호주濠州 정원현定遠縣 서북쪽 60리에 있다. 〈지리지〉에는 음릉현은 구강군九江郡에 속해 있다."라고 했다. |

【正義】 括地志云 陰陵縣故城在濠州定遠縣西北六十里 地理志云 陰陵縣屬九江郡

⑤ 紿태

| 집해 | 문영은 "태紿는 속이는 것이다. 속여서 왼쪽으로 가게 했다."고 했다. |

항왕이 이에 다시 군사들을 수습해 동쪽으로 동성東城에[①] 이르렀는데 스물여덟 기만 남아 있었다. 한나라의 추격하는 기병들은 수천 명이었다. 항왕은 스스로 벗어나지 못할 것이라고 생각했다. 그의 기병들에게 일러 말했다.

"내가 군사를 일으킨 지 지금까지 8년이었다. 몸소 70여 차례 전투에 싸웠는데 대적하는 자는 쳐부수고 공격하는 자들은 복속시켜 일찍이 패배를 모르고 마침내 천하의 패왕이 되었다. 그러나 지금 졸지에 여기에서 곤궁하게 되었으니 이는 하늘이 나를 망하게 하는 것이지 싸움을 잘못한 죄가 아니다. 오늘 굳게 죽을 각오로 싸울 것이다. 원컨대 제군들을 위해서 통쾌하게 싸워 반드시 세 번 승리하리라. 제군들을 위해 포위를 무너뜨리고, 적장의 목을 베고 적기를 베어서 그대들에게 하늘이 나를 망하게 하는 것이지 전투를 잘못한 죄가 아님을 알게 하겠다."

項王乃復引兵而東 至東城[①] 乃有二十八騎 漢騎追者數千人 項王自度不得脫 謂其騎曰 吾起兵至今八歲矣 身七十餘戰 所當者破 所擊者服 未嘗敗北 逐霸有天下 然今卒困於此 此天之亡我 非戰之罪也 今日固決死 願爲諸君快戰 必三勝之 爲諸君潰圍 斬將 刈旗 令諸君知天亡我 非戰之罪也

① 東城동성

집해 《한서음의》에는 "현의 이름인데 임회臨淮에 소속된다."고 했다.
【集解】 漢書音義曰 縣名 屬臨淮

정의 《괄지지》에는 "동성현東城縣의 고성은 호주濠州 정원현 50리에 있다. 〈지리지〉에는 동성현은 구강군에 속해 있다."고 했다.
【正義】 括地志云 東城縣故城在濠州定遠縣東南五十里 地理志云 東城縣屬九江郡

이에 그의 기병들을 4개의 대오로 만들어 사방으로 향하게 했다. 한나라 군사들이 여러 겹으로 포위했다. 항왕이 그의 기병들에게 말했다.

"내가 공公들을 위해 저들 중 한 장수를 취할 것이다."

이에 기병들에게 사방으로 말을 달려 내려가도록 하면서 산의 동쪽에서 만나기로 기약하고 셋으로 나누게 했다.① 이에 항왕이 크게 소리 지르며 말을 달려 내려가자 한나라 군사들은 모두 바람에 풀이 쓰러지듯 했다.② 마침내 한나라의 한 장수를 베었다.

乃分其騎以爲四隊 四嚮 漢軍圍之數重 項王謂其騎曰 吾爲公取彼一將 令四面騎馳下 期山東爲三處① 於是項王大呼馳下 漢軍皆披靡② 遂斬漢一將

① 期山東爲三處기산동위삼처

[정의] 산의 동쪽에서 만나기로 약속하고 셋으로 나누어 한군漢軍이 항우가 있는 곳을 알지 못하게 했다. 《괄지지》에는 "구두산九頭山은 저주滁州 전초현全椒縣 서북쪽 96리에 있다."고 했다. 《강표전江表傳》에는 "항우項羽가 무너져 오강烏江에 이르자 한나라 군사가 항우를 추격하여 이곳에 이르러 하루에 아홉 번을 싸웠는데, 이로 인하여 이름이 되었다."고 했다.

【正義】 期遇山東 分爲三處 漢軍不知項羽處 括地志云 九頭山在滁州全椒縣西北九十六里 江表傳云 項羽敗至烏江 漢兵追羽至此 一日九戰 因名

② 披靡피미

[정의] 앞의 글자는 '피[披彼反]'로 발음한다. 미靡는 정신과 신체가 축처지는 것을 이른다.

【正義】 上披彼反 靡 言精體低垂

이때 적천후赤泉侯 양희楊喜가[①] 기장이 되어 항왕을 추격했는데 항왕이 눈을 부릅뜨고 꾸짖자 적천후와 그의 사람과 말들이 모두 놀라 몇 리를 물러났다.[②] 이에 항왕이 그의 기병들과 함께 만나기로 하고 셋으로 나누니 한나라 군대는 항왕이 있는 곳을 알지 못하고 군사들을 셋으로 나누어 다시 포위했다. 항왕이 말을 달려서 다시 한나라의 도위都尉 1명의 목을 베고 100여 명을 죽이고 다시 그의 기병들을 집합시켰는데 기병 두 기騎만 잃었을 뿐이었다. 이에 그의 기병들에게 일러 말했다.

"어떠한가?"

기병들이 모두 엎드려 말했다.

"대왕의 말씀과 같사옵니다."

是時 赤泉侯[①]爲騎將 追項王 項王瞋目而叱之 赤泉侯人馬俱驚 辟易數里[②] 與其騎會爲三處 漢軍不知項王所在 乃分軍爲三 復圍之 項王乃馳 復斬漢一都尉 殺數十百人 復聚其騎 亡其兩騎耳 乃謂其騎曰 何如 騎皆伏曰 如大王言

① 楊喜양희

신주 유방의 부장으로 낭중기郎中騎의 신분으로 한나라 군대에 입대하여 한신의 군대에 예속하고 해하垓下의 싸움에 참가하여 항우의 시체를 거둔 공으로 적천후赤泉侯에 봉해졌으며 식읍食邑 1900호를 받았다.

적천赤泉은 지금의 하남성河南省 석천현淅川縣 서쪽에 위치한다.

② 人馬俱驚辟易數里인마구경피역수리

[정의] 사람과 말이 함께 놀라 쉽게 피할 수 있는 옛터를 개장하니 몇 리數里에 이르렀다고 말한 것이다.

【正義】 言人馬俱驚 開張易舊處 乃至數里

[신주] 피역辟易은 상대의 기세에 압도당하여 쩔쩔매며 꽁무니를 빼는 것이다. 피辟는 물러나다, 피하다의 뜻으로 피避와 같다.

항왕, 자결하다

이에 항왕이 동쪽으로 오강烏江을① 건너고자 했다. 오강의 정장
亭長이② 배를 대놓고③ 항왕에게 일러 말했다.

"강동江東은④ 비록 작지만 지역이 사방 1,000리이고 백성이 수
십만 명이니 또한 왕이 되기에 족합니다. 원컨대 대왕께서는 급
히 건너십시오. 지금 신에게만 배가 있으니 한나라 군사가 이르
러도 건널 수가 없을 것입니다."

於是項王乃欲東渡烏江① 烏江亭長②檥船待③ 謂項王曰 江東④雖小
地方千里 衆數十萬人 亦足王也 願大王急渡 今獨臣有船 漢軍至 無
以渡

① 烏江오강

신찬은 "우저牛渚에 있다."고 했다.
【集解】 瓚曰 在牛渚

색은 상고해보니 진晉나라 초기에는 임회臨淮에 소속되었다.
【索隱】 按 晉初屬臨淮

정의 《괄지지》에는 "오강정은 곧 화주和州 오강현烏江縣이 이곳이
다. 진晉나라 초에 현이 되었다. 《주수경注水經》에는 강수江水가 또 북
으로 흘러 왼쪽에서 황률구黃律口를 얻는데, 《한서》에서 이른바 오강烏
江의 정장亭長이 배를 언덕에 대고 항우를 기다렸다는 곳이 바로 이곳
이라고 했다."고 했다.
【正義】 括地志云 烏江亭卽和州烏江縣是也 晉初爲縣 注水經云 江水又北
左得黃律口 漢書所謂烏江亭長檥船以待項羽 卽此也

② 亭長정장

신주 농천瀧川은 "진법에 10리가 1정亭이고 정亭의 관리자가 정장亭
長이다. 지금의 리정里正과 같다."고 했다.

③ 檥船待의선대

집해 서광은 "檥는 '의儀'로 발음하는데 일설에는 '아俄'로도 발음
한다."고 했다. 배인이 상고해보니 응소는 "의檥는 정正(바르게 대다)이다."

라고 했다. 맹강은 "의檥의 발음은 '의蟻'이고 '붙이다'는 뜻이다. 배를 대어 언덕에 붙이는 것이다."라고 했다. 여순은 "남방 사람들은 배를 정비해 언덕으로 향하는 것을 의檥라고 한다."고 했다.

【集解】 徐廣曰 檥音儀 一音俄 駰案 應劭曰 檥 正也 孟康曰 檥音蟻 附也 附船著岸也 如淳曰 南方人謂整船向岸曰檥

'의檥'에 대해 복건, 응소, 맹강, 진작 등이 각자 뜻으로 해석했을 뿐이다. 추탄생鄒誕生은 "양선漾船(출렁거리는 배)이 되어야 한다고 하고 오히려 반대했으며 유씨劉氏도 또한 이런 음音이 있다."고 했다.

【索隱】 檥字 服 應 孟 晉各以意解爾 鄒誕生作漾船 以尚反 劉氏亦有此音

④ 江東강동

신주 장강長江이 서에서 동으로 흘러 안휘성 지역에 이르러서 북쪽으로 치우쳐 비스듬히 흐른다. 강소성 진강鎭江에 이르러 다시 동쪽으로 흘러내리는데, 고대에는 이 강줄기의 동쪽 연안을 강동江東이라 하였다. 지금의 장강長江 이남인 강소성, 절강성, 안휘성 일대이다.

항왕이 웃으면서 말했다.

"하늘이 나를 망하게 하는데 내가 왜 건넌단 말인가? 또 이 항적項籍이 강동의 자제 8,000명과 함께 강을 건너 서쪽으로 갔었는데, 지금 한 사람도 돌아가는 자가 없으니 설령 강동의 부형들이 애처롭게 여겨서 나를 왕으로 삼는다고 하더라도 내가 무슨 면목으로 그들을 만나 볼 수 있겠는가? 설령 그대가 말을 하지 않아도 내가 어째서 부끄러운 마음이 없겠는가?"

이에 정장에게 일러 말했다.

"나는 공公이 장자長者임을① 알고 있다. 내가 이 말을 5년 동안 탔는데 대적할 상대가 없었으며 일찍이 하루에 1,000리를 달리니 차마 내가 죽이지 못하겠다. 공公에게 주겠다."

項王笑曰 天之亡我 我何渡爲 且籍與江東子弟八千人渡江而西 今無一人還 縱江東父兄憐而王我 我何面目見之 縱彼不言 籍獨不愧於心乎 乃謂亭長曰 吾知公長者① 吾騎此馬五歲 所當無敵 嘗一日行千里 不忍殺之 以賜公

① 長者장자

신주　장자는 연장자年長者, 자산가資産家, 대인군자大人君子 등의 의미를 가지고 있다. 여기서 항우가 정장에게 장자長者라 함은 대인군자 즉, 덕망이 있는 인격자임을 말한 것이다.

이에 말 탄 자들을 모두 말에서 내려 걸어가게 하고 짧은 칼을
가지고 접전했다. 항적 혼자서 한나라 군사 수백 명을 죽였다.
항왕 자신도 10여 군데 상처를 입었다. 이에 한나라의 기병사마
騎司馬[1] 여마동呂馬童을[2] 되돌아보고 말했다.

"너는 나의 친구가 아니었던가?"

여마동이 바로 보지 못했다.[3] 왕예王翳에게 손가락으로 항왕을
가리켜[4] 말했다.

"이 사람이 항왕입니다."

항왕이 이에 말했다.

"내가 들으니 한나라에서 내 목을 천금과[5] 만호의 읍으로 산다
고 했다. 내가 너에게 덕을 베풀겠다."[6]

이에 스스로 목을 베어 죽었다.

乃令騎皆下馬步行 持短兵接戰 獨籍所殺漢軍數百人 項王身亦被
十餘創 顧見漢騎司馬[1]呂馬童[2] 曰 若非吾故人乎 馬童面之[3] 指王
翳[4]曰 此項王也 項王乃曰 吾聞漢購我頭千金[5] 邑萬戶 吾爲若德[6]
乃自刎而死

① 騎司馬기사마

신주 기병騎兵의 군율을 주관하는 관리이다.

② 呂馬童여마동

신주 항우의 부하로 있다가 초나라에서 반란을 일으키고 한나라에 투항한 자이다. 해하의 싸움에서 항우가 그 앞에서 자결함으로써 그 공으로 중수후中水侯에 봉해졌다.

③ 吾故人乎馬童面之오고인호마동면지

집해 장안은 "친구[故人]이기 때문에 베는 것을 보기가 어려운 것이다. 그래서 등을 돌렸다."고 했다. 여순은 "면面은 똑바로 보지 못하는 것이다."라고 했다.
【集解】 張晏曰 以故人故 難視斫之 故背之 如淳曰 面 不正視也

신주 면지面之는 똑바로 얼굴을 보지 못하다는 뜻이다.

④ 指王翳지왕예

집해 여순은 "왕예에게 (항우를) 손가락으로 가리키는 것이다."라고 했다.
【集解】 如淳曰 指示王翳

⑤ 千金천금

한漢나라는 금金 한 근을 일금一金으로 삼으니 1만 전錢에 해
당한다.

【正義】 漢以一斤金爲一金 當一萬錢也

일금이 일만 전이니 천금은 천만 전이다.

⑥ 吾爲若德오위약덕

정의 서광은 "이 또한 '공덕功德'이라고 할 때의 '덕德'이라고 할 수
있다."고 했다.

【集解】 徐廣曰 亦可是功德之德

정의 爲는 '위[于爲反]'로 발음한다. 여마동呂馬同이 항우項羽의 옛날
친구[故人]였는데, 옛날에도 항우에게 은덕恩德이 있었음을 말한 것이
다. 일설에는 덕행德行이라고 했다.

【正義】 爲 于僞反 言呂馬童與項羽先是故人 舊有恩德於羽 一云德行也

왕예가 항우의 머리를 취하자 나머지 기병들이 서로 짓밟으며 항왕을 다투다가 서로 죽인 자가 수십여 명이었다. 가장 마지막에는 낭중기郞中騎 양희, 기사마 여마동, 낭중郞中 여승呂勝,[1] 양무楊武[2] 등이 각자 그의 몸 한쪽씩을 차지했다. 다섯 사람이 함께 그의 몸체를 맞추어보니 모두 틀림이 없었다. 그래서 그의 땅을 다섯으로 나누어 여마동을 봉해 중수후中水侯로[3] 삼고, 왕예를 봉해 두연후杜衍侯로[4] 삼고, 양희를 봉해 적천후赤泉侯로[5] 삼고, 양무를 봉해 오방후吳防侯로[6] 삼고, 여승을 봉해 열양후涅陽侯로[7] 삼았다.

王翳取其頭 餘騎相蹂踐爭項王 相殺者數十人 最其後 郞中騎楊喜 騎司馬呂馬童 郞中呂勝[1] 楊武[2]各得其一體 五人共會其體 皆是 故 分其地爲五 封呂馬童爲中水侯[3] 封王翳爲杜衍侯[4] 封楊喜爲赤泉 侯[5] 封楊武爲吳防侯[6] 封呂勝爲涅陽侯[7]

① 呂勝여승

신주 한의 군대에서 기사騎士 신분으로 유방을 따랐다. 항우는 한군에게 해하전투에서 패하고 오강에서 자결하였다. 이때의 공으로 열양후涅陽侯에 봉해졌다.

② 楊武양무

유방이 장함을 멸하고 동진을 공격하여 하규에 이르렀을 때 양무가 투항하여 낭중기장에 봉해졌고, 양하陽夏의 싸움에 참가하여 도위都尉에 올랐다. 서기전 202년 관영灌嬰을 따라 해하의 싸움에 참가하여 항우를 추격한 공으로 오방후吳防侯에 봉해졌다.

③ 中水侯중수후

집해 《진서지도기晉書地道記》를 상고해보니 그 중수현中水縣은 하간河間에 속했다.

【索隱】 按晉書地道記 其中水縣屬河閒

정의 〈지리지〉에는 중수현은 탁군濁郡에 속했다고 했다. 응소는 "역수易水는 구수澁水의 두 물줄기 안에 있다. 그래서 '중수中水'이다."라고 했다.

【正義】 地理志云 中水縣屬涿郡 應劭云 在易 滱二水之中 故曰中水

④ 杜衍侯두연후

색은 〈지리지〉에는 현縣이 남양南陽에 있다고 했다. 상고해보니 표表에는 '왕저王翥'로 되어 있다.

【索隱】 按地理志 縣在南陽 按 表作王翥也

정의 《괄지지》에는 "두연후杜衍侯는 옛 현으로 등주鄧州 남양현南陽

縣 서쪽 8리에 있다."고 했다.

【正義】 括地志云 杜衍侯故縣在鄧州南陽縣西八里

표에 '왕저'로 되어 있다는 것은《한서》〈고혜고후문공신표高惠
高后文功臣表〉에서 이다. 두연엄후杜衍嚴侯 '왕저王翥'라고 되어 있다.

⑤ 赤泉侯적천후

색은 남양南陽에 단수현丹水縣이 있는데 의심컨대 적천赤泉을 뒤에
고친 것이다. 상고해보니《한서》〈표〉와《후한서》에서는 희憙 자가 '희
憙'로 되어 있다. 憙는 '히[火志反]'로 발음한다.

【索隱】 南陽有丹水縣 疑赤泉後改 按 漢書表及後漢作憙 音火志反

⑥ 吳防侯오방후

색은 〈지리지〉에 현 이름이라고 했다. 여남汝南에 속해 있는데 옛날
방자국房子國이다.

【索隱】 地理志縣名 屬汝南 故房子國

정의 오방吳防은 예주현豫州縣이다.《괄지지》에는 "오방현吳防縣은
본래 한나라의 옛 현이다."라고 했다. 맹강은 "오왕吳王 합려闔廬의 아우
인 부개夫槪가 초나라로 달아나자 초나라에서 이곳에 봉해 당계씨堂谿
氏가 되었는데 본래 한나라의 옛 현이다."라고 했다. 응소는 "열수涅水

북쪽에 있다."고 했다.

【正義】 吳防 豫州縣 括地志云 吳房縣本漢舊縣 孟康云 吳王闔廬弟夫概
奔楚 楚封於此 爲堂谿氏 本房子國 以封吳 故曰吳房

⑦ 涅陽侯열양후

집해 서광은 "다섯 사람은 후에 죽은 후 모두 장후壯侯라는 시호를
내렸다."고 했다.
【集解】 徐廣曰 五人後卒 皆謚壯侯

색은 〈지리지〉에는 남양南陽의 현 이름이다.
【索隱】 地理志 南陽縣名

정의 열涅은 '열[年結反]'로 발음한다. 《괄지지》에는 "열양涅陽 옛 성
은 등주鄧州 양현穰縣 동북쪽 60리에 있고 본래 한나라의 옛 현이다."
라고 했다. 응소는 "열수涅水 북쪽에 있다."고 했다.
【正義】 涅 年結反 括地志云 涅陽故城在鄧州穰縣東北六十里 本漢舊縣也
應劭云 在涅水之陽

신주 각각 제후로 봉함 받은 여마동, 왕예, 양희, 양무, 여승의 다섯
사람을 말한다.

항왕이 죽자① 초나라 땅이 모두 한나라에 항복했는데 유독 노魯 땅은 항복하지 않았다. 한나라에서 천하의 군사를 이끌고 도륙하고자 했다. 노 땅의 백성들은 예의를 지키고 군주를 위해 죽음으로 절개를 지키려 했다. 이에 항왕의 머리를 노 땅 사람들에게 보이자 노 땅의 부형들이 이에 항복했다. 처음 초나라 회왕懷王이 처음 항적을 봉해 노공魯公으로 삼았는데 항적이 죽은 후 노魯 땅은 가장 뒤에 항복했다. 그래서 노공魯公은 예로써 항왕을 곡성穀城에 장사 지냈다.② 한왕이 항왕의 상喪에 임해 슬퍼하고 눈물을 흘리면서 떠나갔다.

項王已死① 楚地皆降漢 獨魯不下 漢乃引天下兵欲屠之 爲其守禮義 爲主死節 乃持項王頭視魯 魯父兄乃降 始 楚懷王初封項籍爲魯公 及其死 魯最後下 故以魯公禮葬項王穀城② 漢王爲發哀 泣之而去

① 項王已死항왕이사

집해 서광은 "한漢나라 5년(서기전 202) 12월이다. 항왕은 진시황 15년 기사년己巳年에 태어나 죽을 때의 나이는 31세였다."라고 했다.

【集解】 徐廣曰 漢五年之十二月也 項王以始皇十五年己巳歲生 死時年三十一

② 葬項王穀城장항왕곡성

집해 《황람》에 "항우총項羽冢은 동군東郡 곡성穀城에 있는데 동군에서 현까지 거리는 15리이다."고 했다.

【集解】 皇覽曰項羽冢在東郡穀城 東去縣十五里

정의 《괄지지》에는 "항우의 묘는 제주濟州 동아현東阿縣 동쪽 27리에 있는데 곡성 서쪽 3리이다."고 했다. 《술정기述征記》에 "항우의 묘는 곡성 서북쪽 3리 반쯤에 있는데 훼손되었으며 갈석碣石에 '항왕지묘項王之墓'라고 했다."고 했다.

【正義】 括地志云 項羽墓在濟州東阿縣東二十七里 穀城西三里 述征記項羽墓在穀城西北三里半許 毁壞 有碣石 項王之墓

신주 제주濟州 동아현東阿縣은 현재 산동성 서부이자 황하 북안으로 현재 요성시聊城市에 동아현이 있다. 곡성穀城도 제주에 있는 것이다. 《신역사기》(대만 삼민서국 간)는 산동성 동쪽 평음平陰 서남쪽이라고 말하고 있다. 평음현은 산동성 제남시 산하현이다.

> 여러 항씨의 일족들을 한왕이 모두 죽이지 않았다. 이에 항백을 봉해 사양후射陽侯로 삼았다.[1] 도후桃侯와[2] 평고후平皐侯와[3] 현무후玄武侯[4] 등은 모두 항씨였는데 유씨劉氏 성을 하사받았다.
>
> 諸項氏枝屬 漢王皆不誅 乃封項伯爲射陽侯[1] 桃侯[2] 平皐侯[3] 玄武侯[4]皆項氏 賜姓劉

① 項伯爲射陽侯항백위사양후

【집해】 서광은 "항백項伯의 이름은 전纏이고 자는 백伯이다."라고 했다.
【集解】 徐廣曰 項伯名纏 字伯

【정의】 射는 '샤[食夜反]'로 발음한다. 《괄지지》에는 "초주楚州 산양山陽은 본래 한漢나라의 사양현謝陽縣이다."라고 했다. 《오지지吳地志》에는 "사수射水의 남쪽에 있으므로 사양이라고 한다."고 했다.
【正義】 射音食夜反 括地志云 楚州山陽 本漢射陽縣 吳地志云 在射水之陽 故曰射陽

② 桃侯도후

【집해】 서광은 "도후桃侯의 이름은 양襄이다. 그의 아들 사舍는 승상이 되었다."고 했다.
【集解】 徐廣曰 名襄 其子舍爲丞相

【정의】 《괄지지》에는 '옛 성은 활주滑州 조성현胙城縣 동쪽 40리에 있다'고 했다. 《한서》에는 '고조高祖 12년에 유양劉襄을 도후로 봉했다'라고 했다.
【正義】 括地志云 故城在滑州胙城縣東四十里 漢書云 高祖十二年封劉襄爲桃侯也

③ 平皋侯평고후

집해 서광은 "평고후의 이름은 타佗이다."라고 했다.
【集解】 徐廣曰 名佗

정의 《괄지지》에 "평고平皋 옛 성은 회주懷州 무덕현武德縣 동쪽 20리에 있는데 한漢나라의 평고현이다."라고 했다. 상고해보니 佗는 '다[徒何反]'로 발음한다.
【正義】 括地志云 平皋故城在懷州武德縣東二十里 漢平皋縣 按 佗音徒何反

④ 玄武侯현무후

집해 서광은 "제후표諸侯表 안에서는 볼 수 없다."라고 했다.
【集解】 徐廣曰 諸侯表中不見

신주 《한서》〈제후열전표〉에는 이름이 없다는 뜻이다.

태사공은 말한다.

"내가 주생周生에게① 듣기를 '순임금의 눈은 대개 겹눈동자였다.'②라고 말했다. 또 듣기에 항우도 겹눈동자였다고 했다. 항우가 어찌 순임금의 후예이겠는가 마는 어떻게 갑자기 일어났겠는가? 무릇 진나라가 그 정치를 잃자 진섭陳涉이 먼저 난을 일으켰고 호걸들이 벌떼처럼 일어나 서로 더불어 다투니 그 수를 헤아릴 수가 없었다. 그러나 항우는 한 자 한 치의 세력도 갖고 있지 않으면서도 농무隴畝(밭두둑, 민간)에서 형세를 타고 일어나 3년 만에 다섯 제후를 거느리고 진나라를 멸망시켰다.③ 이로써 천하를 나누어 왕과 후작을 봉했고 정사가 항우로부터 나와서 호칭을 '패왕覇王'이라 했다. 지위를 비록 다하지는 못했지만 근고近古 이래 일찍이 있지 않았던 일이다. 항우는 관중에서 한 약속을 등지고 초나라를 그리워해서④ 의제를 내쫓고 스스로 즉위했으니 왕후王侯들이 자기를 원망하고 배반해서 어렵게 된 것이다. 자신의 공만을 자랑하고 그 사사로운 지혜만을 떨치면서 옛날 일을 스승으로 삼지 않고 패왕의 사업만을 말하면서 힘으로 천하를 정벌해서 경영하려다가 5년 만에 마침내 그의 국가마저 망쳐버렸다.⑤ 자신도 동성東城에서 죽으면서도 오히려 잘못을 깨닫지 못하고 스스로를 책망하지도 않은 것이 그의 과오이다. 이에 '하늘이 나를 망하게 한 것이지 군사를 잘못 움직인 죄가 아니다'라고 끌어댔으니 어찌 잘못된 것이 아니겠는가?"

太史公曰 吾聞之周生^①曰 舜目蓋重瞳子^② 又聞項羽亦重瞳子 羽豈

其苗裔邪 何興之暴也 夫秦失其政 陳涉首難 豪傑蠭起 相與並爭 不

可勝數 然羽非有尺寸 乘埶起隴畝之中 三年 遂將五諸侯滅秦^③ 分

裂天下 而封王侯 政由羽出 號爲霸王 位雖不終 近古以來未嘗有也

及羽背關懷楚^④ 放逐義帝而自立 怨王侯叛己 難矣 自矜功伐 奮其

私智而不師古 謂霸王之業 欲以力征經營天下 五年卒亡其國^⑤ 身死

東城 尚不覺寤而不自責 過矣 乃引 天亡我 非用兵之罪也 豈不謬哉

① 周生주생

集解 문영은 "주생은 주나라 때의 현자賢者이다."라고 했다.
【集解】 文穎曰 周時賢者

정의 공문상이 이르기를 "주생은 한漢나라 때의 유자儒者이다."라고
했다. 상고해보니 태사공太史公이 이르되 "오문지주생吾聞之周生(내가 주
생에게 들었다)이라."고 일렀는데 곧 이것은 한漢나라 때 사람이며 태사공
과 함께 귀와 눈을 서로 접했던 것이 명백하다.
【正義】 孔文祥云 周生 漢時儒者 姓周也 按 太史公云 吾聞之周生 則是漢
人 與太史公耳目相接明矣

신주 주생은 사마천이 '오문지주생吾聞之周生'이라고 한 것으로 보아

한漢나라 때의 주생으로 보는 것이 옳다.

② 重瞳子중동자

집해 《시자尸子》에는 "순舜임금은 겹눈동자인데 이것을 중동重瞳이라 이른다."라고 했다.
【集解】 尸子曰 舜兩眸子 是謂重瞳

신주 〈오제본기〉 제순帝舜 조에는 "눈이 겹눈동자여서 중화라고 일렀다[目重瞳子 故曰重華]"고 전한다.

③ 五諸侯滅秦오제후멸진

집해 이때 산동山東의 6국 중에 제齊, 조趙, 한韓, 위魏, 연燕 등의 5개국이 함께 일어나 진秦나라 정벌에 따라서 '오제후五諸侯'라고 일렀다.
【集解】 此時山東六國 而齊 趙 韓 魏 燕五國並起 從伐秦 故云五諸侯

④ 背關懷楚배관회초

정의 안사고는 "배관背關은 약속을 위배하고 고조高祖(유방)를 관중關中의 왕으로 삼지 않은 것이다. 회초懷楚는 동쪽으로 돌아갈 것을 생각해서 팽성에 도읍한 것을 이른 것이다."라고 했다.
【正義】 顏師古云 背關 背約不王高祖於關中 懷楚 謂思東歸而都彭城

⑤ 五年卒亡其國오년졸망기국

卒는 '쥴[子律反]'로 발음한다. 5년이란 고조高祖 원년부터 5년에 이르러 항우項羽가 동성東城에서 살해된 것을 이른 것이다.

【正義】 卒音子律反 五年 謂高帝元年至五年 殺項羽東城

사마정이 펼쳐서 밝히다.

망한 진나라 사슴이 달아나자 임시로 초나라 여우가 울었다. 구름 같은 무리가 패곡沛谷에 빽빽하고 검은 오성吳城에서 뽑혔구나. 공훈을 세워 노魯 땅을 열고 세력은 탕碭의 병력을 합쳤다. 경자卿子는 허물이 없어 아보亞父가 정성으로 추천했다. 처음에 조헐趙歇을 구원하고 마지막에 자영子嬰을 죽였다. 한漢에서는 왕으로 삼는 약조를 위반하고 초楚에서는 회왕에 빗장을 채워 배반했구나. (제후왕을) 자주 옮기니 군주가 떠돌고 신하가 옛 주인을 다그쳤다. 영벽靈壁에서 크게 떨쳤지만 (한왕은) 성고成皐에서 오래도록 막았다. 싸워서 공이 없지 않았으나 하늘은 실로 그에게 주지 않았다. 아, 그대의 시대는 다하고 끝내 흉악한 못난이가 되었구나.

【索隱述贊】 亡秦鹿走 僞楚狐鳴 雲鬱沛谷 劍挺吳城 勳開魯甸 勢合碭兵 卿子無罪 亞父推誠 始救趙歇 終誅子嬰 違約王漢 背關懷楚 常遷上游 臣迫故主 靈壁大振 成皐久拒 戰非無功 天實不與 嗟彼蓋代 卒爲凶豎